名师名校名校长

凝聚名师共识
回应名师关怀
打造名师品牌
培育名师群体

中小学
教学管理的行与思

韩 宁 / 著

吉林文史出版社

图书在版编目（CIP）数据

中小学教学管理的行与思 / 韩宁著. —长春：吉林文史出版社，2022.8
　ISBN 978-7-5472-8637-1

　Ⅰ．①中⋯ Ⅱ．①韩⋯ Ⅲ．①中小学—教学管理 Ⅳ．①G637.3

中国版本图书馆CIP数据核字（2022）第142605号

中小学教学管理的行与思
ZHONG XIAOXUE JIAOXUE GUANLI DE XING YU SI

著　　者：韩　宁
责任编辑：戚　晔
封面设计：言之凿
出版发行：吉林文史出版社有限责任公司
电　　话：0431-81629369
地　　址：长春市福祉大路5788号
邮　　编：130117
网　　址：www.jlws.com.cn
印　　刷：北京政采印刷服务有限公司
开　　本：170mm×240mm　1/16
印　　张：12.75
字　　数：230千字
版 印 次：2022年8月第1版　2022年8月第1次印刷
书　　号：ISBN 978-7-5472-8637-1
定　　价：58.00元

目 录
CONTENTS

第一章 课题研究

第二章 论文荟萃

第三章　学 校 管 理

第四章　校 长 培 训

第五章　我 的 发 言

第六章　我 爱 读 书

第七章　我 的 课 堂

课 题 研 究

　　关于课题研究，不同的人有不同的看法。其实，凡事只要用心琢磨，只要研究，就能将事情做得更好。在三尺讲台上耕耘，教而不研则浅，研而不教则空。在接触课题研究以前，我对课题研究的理解非常肤浅，后来，遇到了好的引路人，带着我研究课题：湛江市霞山区区教研室的程主任带着我们几个老师做"利用班团队资源开展综合实践活动的校本实践研究"这个课题，选题、填写申报书、组织实施、中期报告、撰写论文和研究报告、申请结题等每一个环节都给我们留下深刻印象，既有耐心的指导，也有严格的要求。一番磨炼之后，不敢说自己取得了什么成果，但是，通过参与课题研究，我找到了更有效的解决问题的办法，找到了提升自己更有效的路径。以前遇到问题会很惶恐，现在即使遇到更大的挑战我也会很淡定。曾经很自大，以为自己很了不起；曾经也很自卑，感觉自己和别人差距很大。现在，我知道自己和那些优秀的同行有哪些差距，但是自己也不自卑，因为我知道自己也有自己的长处，还知道该如何缩小与他人的差距。曾经连"人大复印"的含义都不懂，现在，遇见广东省省教育教学成果二等奖的获得者，我知道对方有些工作做得很好，值得学习。

　　这，就是搞课题研究带给我最大的收获！

"利用班团队资源开展综合实践活动的校本实践研究"申请书

一、研究意义（研究背景、研究价值）

（一）研究背景

面对全球性教育改革浪潮，我国基础教育领域也启动了新一轮的课程改革。自从2001年提出综合实践活动课程以来，经过10多年的研究，综合实践活动课程在理论和实践上都积累了丰富的成果，课程本身也经历了从发展到繁荣再到理性反思的过程。

通过对资料的搜集和整理可以看出，研究学者对综合实践活动的研究成果主要集中在两大方面：一是对课程性质、课程特点以及学科课程的关系等的研究；二是对课程的实施模式、实施策略等的研究。这为本研究提供了重要的理论依据和实践依据。综合实践活动的开展并没有固定的活动模式，学校是综合实践活动开展的基本场所，这必然要求学校充分发掘学校内外资源的育人价值，在实践和探索的过程中寻找适合校情的活动模式。

湛江市第二十四中学是一所处于城乡接合部的九年一贯制学校，学生大部分来自进城务工人员子女，学生整体综合能力较弱。在新形势下，我校积极谋求发展，注重发展特色教育，积累了丰富的综合实践活动经验。

研究表明，综合实践活动内容越是贴近学生生活，体现学校办学理念，反映社区特点，实践活动就越有生命力，越能体现课程追求的价值。

为落实《国务院关于深化考试招生制度改革的实施意见》的文件精神，中华人民共和国教育部发布的《关于加强和改进普通高中学生综合素质评价的意见》明确提出，要加强和改进普通高中学生综合素质评价，内容包括思想品德、学业水平、身心健康、艺术素养、劳动与社会实践五个方面。劳动与社会实践主要考查学生参加日常生活劳动、生产劳动和服务性劳动，以及学生在社会生活中的动手操作、体验经历等情况。重点是学生参加劳动和实践活动的次数、持续时间，形成的作品、调查报告，以及表现出的劳动观念、能力、习惯和品质等。综合实践活动与社会实践密切相关，加强综合实践活动，尤其是利用班团队资源开展综合实践活动的校本实践研究，为提升学生综合素质进行有益的探索，无疑具有较高的学术价值。

基于上述情况，我校在开展综合实践活动时，以校为本发挥特色教育优势，充分发掘、利用班团队资源，改变单兵作战的学科教学为不同学科教师协同合作，充分发挥不同年龄段学生在跨班级、跨年级活动时的教育作用，探索开展综合实践活动的有效模式，从而促进学生人格发展，实现学校的教育目标。

（二）研究价值

1. 概念界定：班团队资源

徐继存认为，在课程编制全过程中的一切人力、物力、财力以及自然资源的总和构成课程资源。学校作为综合实践活动课开展的基本场所，其最大的资源便是学生。本研究认为，班团队资源是指以班级为开展综合实践活动的核心，通过团队、少先队等形式将不同班级、不同年级的学生组织起来进一步提高其影响力，最大限度地发挥综合实践活动效应的一切组织形式，班团队是开展综合实践活动校本实践研究的最佳载体。

利用班团队资源开展综合实践活动的校本实践研究有着重要的理论意义和实践意义。

2. 理论意义

利用班团队资源开展综合实践活动的校本实践研究的理论意义旨在完善并深化课程理论。班团队活动是以班级为单位开展的适应班级和学校生活的自主的、实践的活动，以集体性活动为核心，有助于学生个性的发展。利用班团队资源开展综合实践活动的校本实践研究可为综合实践活动理论研究提供实践经验反馈，为综合实践活动课程理论的开发提供更全面、丰富的参考资源。

3. 实践意义

通过校本实践研究，促进学校充分发掘利用校内资源开展综合实践活动，摸索出一套适合校情、生情和师情的开展综合实践活动的模式。针对实施中出现的问题提供改进建议，为中小学校顺利、有效地实施综合实践活动课程提供实践经验参考。

二、研究现状

笔者通过资料搜集，在互联网上搜索"班团队资源综合实践活动"发现利用班团队资源开展综合实践活动的研究很少。而关于"少先队综合实践活动"的研究相对较多，关于"社团综合实践活动"的研究次之。

庄艳娜在《课队融合的综合实践活动课程实施策略》中提到，少先队活动作为学校的常规项目，将学校团队活动作为开展综合实践活动的土壤，可以为综合实践活动的开展提供更广阔的平台。还提出了开展综合实践活动的三种模式：主题探究模式、项目设计模式和实践体验模式。这在一定程度上解决了综合实践活动课题"无根难生"的问题，但该论文更多的是从如何用综合实践活动课程理念去实施学校团队活动、提高团队活动的含金量出发，而并不是从利用少先队的资源优势来更好地开展综合实践活动的角度进行考虑。

四川师范大学的周虹在其硕士论文《基于学生社团的综合实践活动的

实施策略研究》中，对综合实践活动与学生社团进行有机结合，探索以学生社团为载体的综合实践活动模式。该研究展示了在社团中开展综合实践活动的优越性，为本课题尝试将"班团队"作为开展综合实践活动最佳载体的研究提供了参考。

西南大学的朴昌东在硕士论文中尝试将综合实践活动课程发展与校本开发相结合，提出综合实践活动课程必须走校本化发展的道路。对在我国中小学实施综合实践活动课题的可行性模式进行了阐述，但并未对利用具体的某种资源开展综合实践活动的模式展开深入研究。

学校作为综合实践活动课开展的基本场所，其最大的资源便是学生。但是通过怎样的模式将这种学生资源组织起来，从而更有效地开展综合实践活动呢？本研究以学校为样本，充分发挥学校特色教育优势，尝试利用班团队资源开展综合实践活动，寻找开展综合实践活动的最有效模式，以期反映综合实践活动在中小学校开展过程中遇到的实际问题，为推广综合实践活动的校本研究提供参考和借鉴。

三、总体框架、基本内容及拟达到的目标

1. 总体框架、基本内容及拟达到的研究总目标

课题以学校的特色发展为基点，以综合实践活动为切入点，依托学校班团队资源优势，以班团队资源为载体，将学校文化、学校特色与综合实践活动融合，转变教师的教学观念，以学生为主体，改变学生的学习方式，通过具体的活动案例探索研究综合实践活动的有效模式和学校特色发展的有效路径。

2. 研究的主要阶段及分年度目标

（1）2016年6月—2016年7月，收集并阅读国内外综合实践活动相关文献和著作，厘清思路，明确研究方向，做好相关参与研究人员的动员工作，为课题研究做好准备。其中成功举办了为期一学期的"快乐班际足球比赛"，并将学生的摄影作品、征文等在校内以展板形式进行

展示。

（2）2016年8月—2016年9月，各个参与研究的人员结合班级实际情况，围绕综合实践活动主题"学校60周年发展"，组织学生利用身边资源初步开展活动。对离退休教职工进行采访；采集各届校友的联系方式制作通讯录；收集各届有价值的照片、实物等制作展板；发动各位校友为校园发展做力所能及的贡献；做好综合实践活动的相关记录，并定期对资料进行跟踪汇总，为下一阶段工作做好积累。

（3）2016年10月1日，我校（原铁路小学、中学）举办60周年庆典活动，举行一场简单而隆重的文艺会演。各届校友与教职工参观学校校史室，了解学校60年发展的点点滴滴，描绘学校发展的新篇章；各届校友与教职工细述衷情，共忆快乐、温馨的校园生活。

（4）2016年10月—2017年2月，反思小结，修正研究方案，各个参与研究的人员反思自身的教育教学理念，形成自身的教育风格，初步探索利用班团队资源开展综合实践活动的有效路径，使学生的学习方式发生转变，提交教学思想研究与实践报告或论文，为申请课题结题做积累。

（5）2017年3月—2018年7月，通过实践检验研究方案，进一步明确利用班团队资源开展综合实践活动的有效路径，形成学校的教育特色，完成结题报告。

四、拟突破的重点、拟解决的关键问题及主要创新之处

1. 研究重点

立足学校特色教育，站在学校的高度，由校长和教导主任、德育处组成中心小组，尝试利用班团队活动的带动力强、辐射面宽、可持续性发展的优点来打破利用某单一学科资源或某领域资源开展综合实践活动的局限性（综合性不强、学生影响面不宽、教师队伍参与度不高）。从而在校本实践过程中，摸索出能够满足学生实际发展需要、以学校教师为主体进行的、适合学校具体特点和条件的开展综合实践活动的有效路径和方案。

2. 研究难点

本课题研究立足学校层面，上至校级领导，下至一线职工，参与活动的人数众多。信息的传递、思想的统一、专业队伍的科学管理和沟通的有效性都成为影响活动顺利开展的关键。

3. 创新之处

综上所述，为保障综合实践活动的有效开展，学校专门成立了综合实践活动科组，其科组成员包括校长、教导处、德育处、班主任和学科教研组长，有计划地对中心组成员进行规范培训，增强其专业性和科学性。同时，根据上级部门的活动安排，结合学校特色教育，按学期规划好综合实践活动课程内容，以年级或学段为单位，做到有目的、有计划地开展综合实践活动。根据学生年龄特点，提出呈现综合实践活动课成果的新形式——开放性作业，以班级或校内公开展示的方式呈现，极大地鼓舞了学生的创作热情，帮助学生树立自信，也可以作为学生阶段成长的见证。

五、研究方法和研究手段、研究计划

1. 研究方法和研究手段

本课题主要采用行动研究法、问卷调查法和访谈法。

行动研究是一个螺旋式加深的发展过程，每一个螺旋发展圈又包括计划、实施、观察和反思四个相互联系、相互依赖的基本环节。行动研究的每一个环节都是对行动的不断修正和调整，最终解决教育实际问题，该问题可能是原计划的也可能是活动过程中生成的。

在研究的过程中对学生发放调查问卷，调查学生对活动的满意程度。

在行动研究的四个环节中与各个层面的教师保持沟通，通过访谈了解活动开展过程中存在的优点和不足之处，搜集有效建议，不断修正和调整行动。同时也可观察到活动对教师的影响和改变，为综合实践活动教师队伍的培养积累宝贵素材。

2. 研究计划

（1）动员、学习阶段：2016年6月—2016年7月

为激发教师潜能，提高教师积极性，2016年6月28日，校长在学校业务学习集会时间对全体教职工进行开展综合实践活动的动员讲话，明确从学校层面开展综合实践活动的重要性和意义。

教师培训：打造专业师资队伍，为顺利开展综合实践活动的校本实践研究提供实施保证。根据教师自愿、学校推荐的原则组建一支知识丰富、眼界开阔、动手能力强的师资队伍。计划于2016年7月6日邀请湛江市霞山区教育局程主任到学校，给老师做开展综合实践活动所需相关知识和能力培训的讲座。

（2）实践阶段：2016年8月—2016年10月

进行综合实践活动课题选题，教师根据自身和学生的实际情况和实践的需要，经认真研究，有针对性地选择内容。我们在众多的课题中确定了两个符合各年级学生年龄水平的课题开展综合实践活动。综合实践活动课题包括"足球给我们带来了……"和"学校60年发展的见证"。要求参与研究人员上交研究报告或论文，举行座谈会进行经验介绍和心得交流。

（3）反思完善阶段：2016年10月—2017年2月

进行阶段性反思小结，有目的、负责任、按计划地进行相关综合实践活动。在活动过程中，根据教师、学生的观察和评价建议对方案进行不断的修正和调整。

（4）全面总结阶段：2017年3月—2018年7月

在原有基础上修改和完善教学思想研究与实践报告或论文，做好研究成果收集，并做申请结题的相关工作。

六、负责人前期研究基础

负责人前期研究基础包括：负责人主要工作经历及目前从事的主要工

作；近三年来完成哪些重要研究课题，已发表哪些相关成果，相关成果的评价情况（引用、转载、获奖及被采纳情况）；已收集哪些相关资料；完成本课题研究的时间保证、资料设备等科研条件。

课题负责人韩宁，为学校校长，是广东省第二批骨干校长培养对象，参加过校长任职资格初级、中级培训，2015年到湛江市霞山区教育系统浙江大学培训，对德育工作尤其是薄弱学校的德育工作有丰富经验。注重理论研究，2013年，协助湛江市霞山区教育局完成省重点德育课题"校社联动培养城市弱势群体子女健康人格"的研究，其作为课题组成员之一，主持编写了该课题的论文集。2010年至2013年，作为湛江市教育局评估组成员，参与湛江市"双优"学校评估工作。擅长通过活动激发学生兴趣，提高学生综合素质。2013年，获湛江市霞山区校长高效课堂竞赛特等奖，2014年，获湛江市校长高效竞赛一等奖，论文《补好教育环节的缺口》发表在《广东教学》。

本课题组向来注重资料的收集和积累，在本课题研究之前已有利用班团队资源开展综合实践活动的经验，现将资料汇总如下。

（1）创建"铁路特色校园"，丰富学生的校园生活，培养学生热爱学校的情感，为综合实践活动"学校60周年发展"的开展做铺垫。

学校自主开发了《铁路发展我成长》校本教材，辅以《火车秘史》一书并组织学生进行校本研修。综合实践活动倡导学生学习的探究性、主动性和创造性，在教学过程中，教师根据学生的年龄特点进行分层教学，通过主题班队会、大队会、学科渗透、学生探究性学习和现场参观等多种形式开展教学教研活动，深受学生欢迎。

（2）我校是湛江市首批"全国足球特色学校"，专业体育教师中拥有国家二级足球裁判资格证的1人、国家三级足球裁判资格证的2人。依托"创均衡""创教育强区"等机遇，我校完善了开展足球教育的软硬件设施，这为精力旺盛、热爱体育运动的师生创造了开展活动的良好条件。以"足球文化"开展课题研究，在三年级至八年级各个班中分别组建男女班级足球队各一支，通过"快乐足球班际比赛"培养学生对足球的兴趣爱好、团队合作精神及人际交往能力，增强他们的集体责任感。通过多途径、多方式推广足球文化，以摄影、手抄报或绘画、征文等开放性作业，多角度提升学生对足球文化的认识。

"利用班团队资源开展综合实践活动的校本实践研究"结题报告

一、研究背景及意义

1. 研究背景

党和国家对教育日益重视，习近平总书记在2018年全国教育大会上发表重要讲话时指出，"要在增强综合素质上下功夫，教育引导学生培养综合能力，培养创新思维。""要在学生中弘扬劳动精神，教育引导学生崇尚劳动、尊重劳动，懂得劳动最光荣、劳动最崇高、劳动最伟大、劳动最美丽的道理，长大后能够辛勤劳动、诚实劳动、创造性劳动。"综合实践活动，以学生兴趣为主导，引导学生去做自己感兴趣的事，在活动中提升自己的综合能力，是培养学生综合能力、创造性思维，提升劳动技能的课程。

在实践和探索的过程中寻找适合校情的活动模式，充分发挥"综合实践活动课程在培养学生跨学科素养、创新精神、实践能力、责任感等核心素养方面的作用"，实现学生的全面发展。

我校是一所处于城乡接合部的九年一贯制学校，学生大部分来自进城务工人员子女，存在家长对教育的关注少、对孩子成长的投入少的现象，一些孩子受生活条件和环境的影响，整体综合能力和素养较低。在新形势下，我校坚守"教书育人"初心，关注学生未来，积极谋求发展，注重特色教育，拓展和搭建学生成长平台，在积极探索中积累了丰富的综合实践活动经验。

我校在引导学生开展综合实践活动过程中，结合学校实际，以班团队资源为依托，改变单兵作战的学科教学为多领域主题融合、多学科教师协同合作，扩大不同年龄段学生在跨班级、跨年级活动时的正面影响，探索开展综合实践活动的长效发展模式，促进学生全面发展，实现学校的教育目标。

2. 研究意义

国内学者徐继存认为，"在课程编制全过程中的一切人力、物力和财力以及自然资源的总和构成了课程资源"。学校作为开展综合实践活动的基本场所，其最大的资源便是学生。班团队资源是指以班级为开展综合实践活动的核心，通过社团、团队、少先队等形式将不同班级、不同年级的学生组织起来，进一步提高其影响力。

课题组以学校为样本，充分发挥学校特色教育优势，尝试依托班团队资源开展综合实践活动，通过对中小学校开展综合实践活动过程中遇到的实际问题和解决策略的实践分析，探索校本化综合实践活动富有学校特色的长效发展要素和规律，为常态化、区域化综合实践活动提供参考和借鉴。与此同时，在扎实的实践研究中提升一线教师参与综合实践活动课堂教学、实践活动的科研能力和水平，服务于综合实践活动教师的专业成长；通过为学生的成长提供个性化选择，激发学生参与活动和学习的热情，促使学生以更开放、自主、实践、负责的态度投入学习活动，真正成长为学习的主人。通过校本实践研究，摸索出一套适合校情、生情和师情的开展综合实践活动的经验，为现有综合实践活动课程理论提供有益补充。

二、文献综述及概念界定

1. 文献综述

笔者在中国知网搜索"班团队资源综合实践活动"发现，现有的研究成果多是以少先队、社团活动为依托，而利用班团队资源开展综合实践活动的研究很少。

本研究以学校为样本，结合学校特色教育，探寻利用班团队资源开展综合实践活动，以及开展综合实践活动的有效模式，为学校今后常态化开设综合实践活动课程提供参考和借鉴。

2. 概念界定

班团队资源是指以班级为开展综合实践活动的核心，通过团队（含社团）、少先队等形式，将不同班级、不同年级的学生组织起来，进一步提高其影响力，少先队活动、社团成员的构成与班团队有较大不同。学校少先队活动、社团的成员多是经过挑选的，其综合素质相对较高，活动组织比较容易达到效果。而班团队的成员综合素质参差不齐，每一位成员都需要兼顾。

教育部颁布的《中小学综合实践活动课程指导纲要（2017年）》，从学科核心素养角度对综合实践活动的学科本质和教育价值进行了定位定性。"综合实践活动是从学生的真实生活和发展需要出发，从生活情境中发现问题，转化为活动主题，通过探究、服务、制作、体验等方式，培养学生综合素质的跨学科实践性课程"。

三、研究内容及拟解决的关键问题（课题研究的预设目标）

本课题以学校的特色发展为基点，以综合实践活动为切入点，依托学校班团队资源优势，以班团队资源为载体，将学校文化、学校特色、学生个性发展需求与综合实践活动融合，转变教师的教学观念，促进学生学习方式的变革，通过具体的活动案例，探索校本化综合实践活动有效实施方式和学校特色发展路径。

（1）在校本实践过程中，围绕特色校园文化、德育、学科、社团和基地等领域选择活动主题，依托班团队资源开展形式多样的班团队综合实践活动，多渠道、多形式展示学生实践成果。在实践中探索提炼出具有本土化、学校特色、学生个性的综合实践活动主题和案例，从而创新性地打破利用某单一学科资源或某领域资源开展综合实践活动的局限性。

（2）成立综合实践活动科组，由校级领导主持，教导处、德育处协同管理，采用学校教研科组结合年级备课组统筹教研，依照"互助备课+磨课+主题式观课议课+反思调整"的环节常态化实施综合实践集体教研。培养专业化教师队伍，为综合实践活动课常态化实施输送中坚力量。解决行政管理不到位、教研力量薄弱的问题，使综合实践活动科组成为综合实践活动发展的有力保障。

（3）规范组织形式，加强统筹协调。以各种组织形式（班级、团队、社团和少先队等）开展活动时做到"三有"（有组织、有计划、有管理），教师扮演好组织、管理、协调的角色，鼓励学生积极主动参与"班团队"活动，使学生在老师的指导下，能根据自己的兴趣爱好自主选择，在亲身体验和经历中自主构建知识，精心培育学生的人文素养、批判精神、科学创新精神、问题意识与问题解决能力。

四、课题研究的方法设计

本课题主要采用行动研究法、问卷调查法和访谈法。

（1）行动研究法：行动研究是一个螺旋式加深的发展过程，每一个螺旋发展圈又都包括计划、实施、观察和反思四个相互联系、相互依赖的基本环节。本课题研究的每一个阶段都遵循该研究思路，即做到有计划地实施（集体备课）、观察反思（磨课、上课、活动）、调整再实施（评价反思）的思路，解决综合实践活动实施过程中的实际问题，服务学生成长、教师发展和学校发展。

（2）问卷调查法：在研究过程中，对学生进行综合评价，对反馈意见进行收集，了解学生对综合实践活动开展的满意程度和期待值，持续修正研究方案。

（3）访谈法：在行动研究的四个环节中与各个层面的教师保持沟通，通过访谈了解活动开展过程中存在的优点和不足之处，收集有效建议，不断修正和调整行动。同时也可观察到活动对教师的影响和改变，为综合实践活动教师队伍的培养积累宝贵素材。

五、课题研究的基本过程

第一阶段：加强理论学习，制订实施方案（2017年5月—2017年7月）

1. 认真领会专家意见，明确研究方向，加强理论学习，更新教育理念

针对开题报告会上专家提出的指导性意见，课题组成员认真研读领会、交流学习，尤其是对开题报告中提出的"班团队资源"这一核心概念进行反复推敲，并对班团队资源做如下界定。将班级定为开展综合实践活动初期的主要单位，兼顾社团、少先队等形式，将不同班级、不同年级中研究志趣相投的学生有机组织起来，班团队共同成为开展综合实践活动校本实践研究的有效资源。开题论证使得大家更加明确研究方向与研究目标，为课题研究奠定了基础。

学校将课题培训扩大至全校，韩宁校长多次在学校业务学习集会时间对全体教职工做开展综合实践活动的动员讲话。与此同时，加强相关理论的培训与学习，将集中学习和分散学习相结合。2017年7月9日，湛江市霞山区教育局教研室程喆副主任为全校教师开设讲座，对综合实践活动的课程性质、课程目标、课程内容和活动方式做了全面介绍。各个课题组成员认真学习理论书籍与文献，如广东省教育研究院教研室编的3～9年级的《综合实践活动》教师用书、郭元祥著的《综合实践活动课程与教学论》、徐继存主编的《中学综合实践》、田慧生和冯新瑞等著的《综合实践活动有效实施与评价策略》等，并通过中国知网搜索相关文献与资料，供大家阅读交流。

2. 依托学校特色、教师特长和教育资源制订实施方案

学校结合自身特色、学生特点、教育资源和教师特长等方面，开发以"校园特色为载体，整体优化为手段，实践教育为突破口，综合素质提高为目标"的综合实践活动课程。采用课型教学、多样化活动形式，结合校本特色、主题活动、社团活动和体育节等，引导学生超越课堂，走进生活、走进社会、走进自然，在广阔的世界中发现问题、解决问题，使学生在亲历社会实践中得到较大、较快的发展，增强他们的探索与创新意识，培养他们的社会责任感、综合运用知识的能力和创新精神。

第二阶段：着力方案实施，提升实践技能，发挥辐射作用（2017年8月—2018年2月）

1. 围绕课题实施方案，开发课程资源，生成研究主题

初二年级的陆老师以往届校友回校举行20周年活动为契机，利用暑假组织学生开展主题为"跨越年代的校园小游戏"实践活动，学生通过亲身体验不同年代的校园游戏带来的乐趣之余，还感受到了在校园里建立起来的深厚友情的魅力。通过对校友面对面的采访，学生初步掌握了采访的技能，在采访过程中感受到了与人合作、沟通、交流的重要性。

初一年级的梁老师深入挖掘校园主题实践活动，组织学生积极参与学校"校长杯"足球竞赛。积极拓展校外实践活动的空间，带领学生前往湛江市霞山区体育场现场感受足球比赛的氛围，对足球运动员进行采访，感受足球体育精神。

德育处赖主任充分利用校友资源为在校学生提供实践的平台和空间，在校友的带领下组织学生参观供电局，感受科技与生活的密切关系。在学校领导、供电局领导的大力支持下，邀请杰出校友、供电局技术人员到校举办"安全用电知识进校园"活动，学生在聆听专业知识讲解、现场知识竞猜、有奖问答等活动的过程中，加强了对安全用电的了解和认识，承诺用自己的实际行动来实践节约用电。

凭借着对综合实践活动的热忱，课题组成员不断摸索，虽然技巧生涩，有时还错漏百出，但大家在探索中实践，在实践中反思，在反思中加深了对课程的理解，感受着综合实践活动课程的魅力。综合实践活动课程是一门真正立足学生终身发展、提升学生实践技能的学科，使学生在活动中掌握知识与技能，为学生的生活服务。

2. 示范培训，深入教研

2018年3月20日，我校组织开展综合实践活动示范培训，特邀湛江市第一中学金沙湾学校徐梅老师、湛江市第十七中学陈家清老师做示范课展示，并由湛江市赤坎区教研员冯宇红老师、湛江市霞山区教育局教研室程喆副主任做现场点评。前来参观学习的兄弟学校教师近90人，其中湛江市赤坎区第十七中学副校长十分重视此次活动，亲自带领老师一行共7人前来交流学习。会议过程中，大家认真学习、积极做笔记、抓拍精彩瞬间，以便留作日后学习实践所用。这次的湛江市霞山、赤坎两区联合教研活动，让我们的老师更有信心，也更加坚定了我们在全体学生中开展综合实践活动的决心。

随后，课题组根据教育部推荐的《中小学综合实践指导纲要152个推荐主题汇总》，结合我校师生兴趣、特长和学校特色、发展需求，开展校内主题交流活动。为提高课程质量和活动效果，我们严格按照"集体备课—听课—评课—反思—小结"的环节来开展教研活动。全校综合实践科组老师参与会议并落实开展选题指导课的公开课任务（见表1-1），大家线上线下积极备课、听课、评课，校级领导也分别走进课堂认真聆听学习。

表1-1　部分教师实践活动主题与校内公开课安排

序号	姓名	年级	活动主题	上课时间	班级
1	赖老师	五年级	饮料与健康	4月13日第二节	五（4）
2	陈老师	五年级	饮料与健康	4月13日第二节	五（3）
3	朱老师	五年级	饮料与健康	4月12日第一节	五（2）
4	张老师	四年级	生活中的小窍门	4月12日第六节	四（1）
5	袁老师	四年级	生活中的小窍门	4月13日第三节	四（3）

序号	姓名	年级	活动主题	上课时间	班级
6	史老师	三年级	美食小能手	4月11日第三节	三（2）
7	陆老师	三年级	美食小能手	4月12日第三节	三（5）
8	蔡老师	三年级	美食小能手	4月11日第二节	三（3）
9	陆老师	三年级	美食小能手	4月13日第三节	三（1）
10	麦老师	七年级	湛江乡村传统文化	4月12日第五节	七（1）
11	吴老师	七年级	湛江乡村传统文化	4月13日第二节	七（5）
12	林老师	七年级	湛江乡村传统文化	4月13日第七节	七（4）
13	许老师	七年级	湛江乡村传统文化	4月13日第四节	七（3）
14	覃老师	七年级	湛江乡村传统文化	4月13日第五节	七（2）
15	葛老师	七年级	湛江乡村传统文化	4月13日第一节	七（6）
16	许老师	六年级	校园绿化设计	4月3日第四节	六（1）
17	梁老师	六年级	校园绿化设计	4月13日第一节	六（4）
18	王老师	六年级	校园绿化设计	4月13日第三节	六（3）
19	洪老师	八年级	八年级学生体质与健康	4月8日第七节	八（2）

在实践中，教师的教育观念得到转变，课程意识得到加强，培养了一批能胜任综合实践活动教学的老师。同时，也提升了学生的实践能力、价值体认与责任担当。

3. 成立综合实践活动科组，发挥辐射作用

为建立长效教研机制，我校于2017年12月6日专门成立了综合实践活动科组，科组组长由李少琼副主任担任，科组成员包括赖迎春、覃旭东、吴丽婵等共计32人。综合实践活动科组坚持定期开展集体例会，定期即定时间、定地点、定主题。每次讨论之前，科组教师首先总结上一周课题进展情况、存在问题及解决办法，制定出下一阶段工作思路，力求使课题研究为课堂服务、为学生服务，促进自己的教学观念和教学行为的改变和优化。

课题组成员李少琼老师，努力钻研综合实践学科理论知识和技能，敢于挑战，勇担重任。2017年9月—2017年11月，李老师代表湛江市霞山区

参加湛江市首届中小学青年教师教学能力大赛（初中组综合实践学科）荣获湛江市一等奖第一名。随后，代表湛江市参加2017年首届广东省中小学青年教师教学能力大赛（初中组综合实践学科），成绩优异。

为发挥我校在霞山区综合实践活动学科中的辐射带动作用，我校积极承办霞山区综合实践学科教研活动。2017年12月6日，课题组成员李少琼老师受湛江市霞山区教育局教研室邀请在全区教研活动中做主题为"如何设计综合实践主题活动方案"的讲座，讲座内容翔实、针对性强，受到与会老师的一致好评。

第三阶段：依托社团活动，推动学校特色发展（2018年3月—2018年8月）

1. 依托社团，建立综合实践活动发展基地

综合实践活动的主题具有生成性、开放性和实践性特点。我校蓬勃发展的社团活动（见表1–2）为学生开展综合实践活动搭建了良好的发展平台，学校各社团活动丰富的主题成为学生实践活动的重要内容。

表1–2　2017—2018学年度第二学期社团活动与特色课程安排表

课程主题	课程名称	课时设置	开设年级	教材来源
健康的生活方式	羽毛球	2节/周	三至八年级	外聘
	足球	活动月	一至八年级	校本
	篮球	活动月	七、八年级	校本
高尚的生活情趣	管乐	2节/周	三至七年级	校本、外聘
	书法	2节/周	一至六年级	校本、外聘
	舞蹈	1节/周	一至三年级	校本
	合唱	1节/周	四至八年级	校本
	围棋	1节/周	一、二年级	校本、外聘
	墨苑文学	1节/周	三至九年级	校本
创新的未来生活	3D打印	1.5节/周	四至五年级	校本、外聘
	科技	1.5节/周	四至八年级	校本
	社会实践	1~2节/周	全校	校本

学校社团从原来的6个增加到12个，社团活动的形式和内容更加丰富多样，参与活动的年级也更加广泛，学生的个性特长得到更加全面的发展。例如：2018年4月20日，学校新成立学生社会实践社团，韩宁校长与6位教师一起带领该小组学生近40人参观湛江高铁站，并邀请湛江高铁站首席设计师刘工程师全程讲解指导。学生根据活动需求有计划、有分工开展参观、采访活动。2018年5月19日，我校邀请中国铁路南宁局集团有限公司首席技师吴建华开展专题讲座"高铁知识简介"，并接受学生采访，吴工程师对学生在采访活动中展示出来的合作能力、沟通能力和语言表达能力给予很高评价，对我校开展综合实践活动提升学生综合能力和素养的做法大为称赞。

2. 搭建平台，展示风采，彰显特色

除社会实践社团活动外，各个班级、社团的活动也精彩纷呈、争奇斗艳。例如：学校团委开展了"迎五四，青春礼赞"朗诵比赛，让学生感受青春的美好和使命；学校啦啦舞蹈队选送的岭南特色节目《岭南小伶》参加湛江市霞山区艺术展演并获一等奖，学生在汗水中领略了岭南粤剧独特的艺术魅力；学校科技社参加2018年湛江市青少年航空航海模型大赛并获小学组一等奖、中学组二等奖；学校一年一度的"体育节"开展得热火朝天，"校长杯"班际足球赛、首届篮球赛、围棋社、羽毛球社的常规课都得到有序开展，极大丰富了学生的校园生活，既锻炼了身体也提升了文化艺术修养。

借助丰富的班级、社团活动，我们在校园这片"小天地"里，为学生打造实践的"大舞台"，学生的个性得到充分尊重与发展。2018年6月12日，学校"首届特色校园文化展示"拉开帷幕。开放日当天，展示了12个社团的特色课程、12个社团的实践活动、一至七年级各班常规课堂以及综合实践公开课。各社团学生以高涨的热情担任导引、讲解、展示和汇报等工作，活动过程精彩纷呈、特色鲜明，充分展现了学生较高的艺术修养和综合能力。其中，社会实践社团成员谢槿、谢晓枫、吴仙成和杨子嫣4名学生展示的综合实践主题活动成果汇报——《湛江高铁，情系你我》受到与会领导与教师的高度赞誉。

第四阶段：深入依托班团队资源，创新实现科研目标，综合实践活动校本化实施初具雏形（2018年9月—2019年7月）

认真听取和深化研究中期报告会上广东省教育科学研究院教研员胡军荀老师和湛江市教育局教研员李华老师提出的专业意见后，我们修正和调整研究方案，从以下几个方面继续落实综合实践活动校本化实施。

（1）坚持综合实践活动课程规范化、常态化实施。加强有关综合实践课题研究方面相关理论的学习，优化综合实践课程的教学模式，坚持常态化听课、评课制度，及时交流反思，形成总结性材料，适时发表论文。教研组（含年级组）对兼职综合实践教师进行技术性指导，开展教师技能评比活动，提升教学技能。2018年12月，经湛江市霞山区教育局审核报批，分别授予课题主持人韩宁"霞山区名校长工作室"、课题组核心成员李少琼老师"霞山区名教师工作室"牌匾，面向全区招聘并组建工作室成员团队，利用课题研究、开展常态化教学等形式持续推动综合实践活动的发展，将我校综合实践活动校本化研究成果辐射到更多的学校。

（2）完善利用"班、团（社团）、队"资源开展综合实践活动的形式，与德育、学科教研、活动竞赛、团队活动等融合，开发校本化实践活动主题，贴近学生的学校生活、社会生活实际，让学生更易于接受，让家长更乐于参与。活动始终坚持"自主性、实践性、开放性"等原则，一切组织形式的活动必须做到"三有"（有组织、有计划、有管理），使学生在老师的指导下能根据自己的兴趣爱好自主选择，通过亲身体验、经历、感悟丰富的学校生活、社会生活经验，在活动中有所收获、成长。活动过程中，教师要扮演好组织、管理、协调的角色，鼓励学生积极主动参与，自主构建知识，培养科学创新精神，提升实践能力。如借德育主题活动搭学生实践平台，2018年、2019年连续两年组织学生参加广东省"向国旗敬礼——扣好人生第一粒扣子"系列活动，如九年级黄海冰同学通过实地考察、记录，搜集资料制作精美课件宣传美丽湛江，其拍摄的"我为家乡代言"宣传短片——"美丽的湛江"荣获湛江市一等奖、广东省二等奖。我校科学社团参加2018年"湛江市青少年航空航海模型大赛"，获得一等奖5人、获得二等奖2人、获得三等奖2人、获得优秀奖2人。荣誉的背后饱含着学生不懈的探索和实践，他们在一次次失败中反思，在一次次反思中再挑战，终于突破自我取得成功。科学社团组织学生参加2019年湛江市"自然观察笔记"活动，获得一等奖2人、获得二等奖3人、获得三等奖9人，大大鼓舞了学生的探究热情。

（3）立足综合实践活动课程性质和基本理念，丰富和创新班级、社团、团队活动的类型和组织形式，把优秀的社会教育机构引入校园，充分开发家长、社区和公益团体等资源来丰富主题实践活动的内容，搭建学生开展综合实践活动的安全、开放的空间，为综合实践活动的开展提供多样资源。创新的主题实践活动背后总有一个满怀激情的教师团队，如完全依托学校资源和土生土长的美术社团高质量的课程安排，不仅为学生提供实践的空间，更为学生搭建展示的平台，目前已成功举办了两届师生书画作品展，让更多的人看得见学生的努力和蜕变，这样的形式得到了学生、家长的高度肯定和赞赏。我校的艺术特色之一"管乐团"更是走出校门，迈向社会，让更多的人见识了我校"管乐团"的美育魅力。2019年5月，我校"管乐团"受邀参加湛江市霞山区团委、教育局举办的"纪念五四运动100周年"文艺演出，学生展示的高雅艺术形象和扎实的音乐素养受到外界的一致好评。

在持之以恒的实践研究中，师生对综合实践活动内涵有了更深的理解，综合实践活动校本化实施的主题更加丰富和多元化，活动形式更加多样化，因此，综合实践活动在学生群体、家长群体中开展得更普遍、更全面、更深入，真正实现促进学生全面发展的教育目标。

六、课题研究成果

经过两年多的实践研究，教师教育理念不断更新，课堂教学模式不断完善，教学策略不断优化，教学成效日益凸显。初步构建了综合实践活动课堂基本课型教学模式，常规教学更具实践性、可操作性，形成综合实践活动资源包（主题活动教学设计和课堂实录）、学生作品集、公开发表的论文、校本课程开发与实施、学生获奖情况等课题成果。

1. 教师部分教学设计

（1）《饮料探秘》选题指导课——赖迎春（五年级）。

（2）《我为校园添点绿》选题指导课——梁丽群（六年级）。

（3）《湛江乡村传统文化研究》选题指导课——覃旭东（七年级）。

（4）《如何设计调查问卷》方法指导课——李少琼（社会实践社团）。

（5）《探秘湛江乡村传统文化》方案制订课——许云静（七年级）。

（6）《数据统计方法》方法指导课——洪建龙（八年级）。

（7）《水资源浪费现象的调查研究—统计法指导课》——许云静（八年级）。

（8）《玩具总动员》——戴翔栩（三年级）。

（9）《走进蚂蚁王国》——陈超丹（三年级）。

2. 课堂、活动实录

（1）《如何设计调查问卷》方法指导课——李少琼。

（2）《湛江高铁，情系你我》学生成果汇报——谢槿、杨子嫣、吴仙成、谢晓枫。

（3）《参观湛江高铁站》——社会实践活动社团。

（4）《高铁知识简介》——社会实践活动社团。

（5）《采访方法指导课》——湛江市十七中：陈家清。

（6）《探秘红树林》选题指导课——湛江一中金沙湾学校：徐梅。

（7）《水资源浪费现象的调查研究—统计法指导课》——许云静。

（8）《玩具总动员》——戴翔栩。

（9）《走进蚂蚁王国》——陈超丹。

3. 学生作品

（1）《高铁驾驶员的一天的调查》——谢槿、杨子嫣。

（2）《关于乘客乘坐高铁的相关安全规定的调查研究》——吴仙成、谢晓枫。

（3）《关于高铁历史的调查研究》——周盈盈、王韵瑶。

（4）《关于江湛铁路沿途车站外形的调查研究》——第二小组。

（5）《关于雷州换鼓的调查研究》——张恩荧。

（6）《寻找广州湾人民抗法斗争的足迹》——六年级学生。

（7）《鸟类的飞行器官》——七年级学生。

（8）《初中生一天营养食谱的实践研究》——柯佳彤等。

（9）《探究不同环境对温度湿度的影响》——黄雅鹏等。

（10）《湛江霞山—美景篇》——黄秋冰。

4. 论文成果

本课题组成员在教学研究过程中，讲究方法，注重反思，积极撰写论文，先后在国家、省级刊物中发表论文8篇。

（1）课题主持人韩宁的论文《以综合实践活动为载体培养学生健康的心理》发表在国家级期刊《教育科学》，荣获第六届中华科研优秀论文一等奖。

（2）课题成员赖迎春的论文《利用校史资源丰富综合实践活动课程》发表在省级期刊《新课堂》。

（3）课题成员李少琼的论文《有综合实践活动"味"的课》发表在省级期刊《中学课程辅导》。

（4）课题成员吴丽婵的论文《综合实践活动为小学生语言建构与运用能力培养注入新的活动》发表在《年轻人教育》。

（5）课题成员吴丽婵的论文《综合实践活动对班级文化建设的促进作

用》发表在《中国教工》。

（6）综合实践课程教师罗小彬老师的论文《论综合实践活动中的写话兴趣培养》发表在《教育》。

（7）综合实践课程教师李红老师的论文《以综合实践活动课程为载体提升小学生语言建构与运用能力》发表在《读者文摘》。

（8）学校团委书记谢宏卫老师的论文《盘活团队资源之我见》发表在《中外交流》。

5. 课题研究报告

完成"利用班团队资源开展综合实践活动的校本实践研究"课题研究报告1份。

6. 校本课程开发与实施

课题组充分发挥社团资源优势，尊重学生个性，结合学校教师资源、家长资源和社会资源，开发了以社团为中心的校本教材，如银铃合唱团、啦啦舞蹈队、墨苑文学社、社会实践社团、科技社、书法社、围棋社、3D打印社、尚美管乐队、足球队、羽毛球队、晨曦广播站等12个社团教材。该系列教材的编写内容包含了课程标准、课程理念和课程内容，符合学生的个性发展需求，学生通过课程的学习不仅能加深对相应课程知识的了解，还能在实践活动中掌握和运用相应的技能，并通过一定的形式展示和呈现学习成果。为保证社团活动符合综合实践活动课程的性质和理念，课题组成员还担任了不同社团的指导老师，如李少琼担任社会实践社团指导老师、赖迎春担任银铃合唱团指导老师、覃旭东担任围棋社指导老师、王图岸担任3D打印社指导老师等，观察记录学生在综合实践活动中的成长变化。

7. 课题主持人获奖情况

（1）2018年6月，课题主持人韩宁被聘为广东省教育学会小学综合实践活动课程专业委员会理事。

（2）2018年7月，在首届湛江市中小学青年教师教学能力大赛决赛中，课题主持人韩宁指导的李少琼老师荣获初中综合实践一等奖第一名，韩宁荣获指导教师奖。

（3）2018年12月，课题主持人韩宁被聘为"湛江市霞山区中小学名校长工作室主持人"。

8. 其他成员获奖情况

（1）李少琼老师在2018年湛江市霞山区中小学中华经典诵读比赛中被评为优秀指导老师。

（2）李少琼老师在2017年首届湛江市中小学青年教师教学能力大赛决赛中荣获综合实践学科一等奖第一名。

（3）李少琼老师在2017年首届广东省中小学青年教师教学能力大赛（初中综合实践活动组）中表现优异，荣获二等奖。

（4）李少琼老师在2018年6月被聘为广东省教育学会小学综合实践活动课程专业委员会理事。

（5）吴丽婵老师在2017年12月被评为"湛江市霞山区教学先进工作者"。

9. 辅导教师获奖情况

（1）许云静老师参加"2019年核心素养下霞山区中小学青年教师课堂教师竞赛"，荣获初中综合实践一等奖第一名。

（2）戴翔栩老师参加"2019年核心素养下霞山区中小学青年教师课堂教师竞赛"，荣获小学综合实践二等奖。

10. 学生获奖情况

（1）九（2）班黄秋冰同学的作品《湛江霞山——美景篇》在参加2018年度"扣好人生第一粒扣子"主题教育活动之"我为家乡代言"创意视频大赛中荣获广东省二等奖。

（2）七年级学生吴彩霞等参加2019年湛江市霞山区第三届中学生心理剧比赛，荣获二等奖。

（3）学校合唱团参加2018年湛江市霞山区中小学中华经典诵读比赛，荣获一等奖。

（4）一（6）班谢佩珊等2名学生参加机器人比赛，荣获湛江市一等奖、广东省二等奖。

（5）五（1）班覃云朗、三（2）班梁皓翔参加湛江市少儿围棋公开赛，分别荣获第三名、第七名。

（6）科学社团成员参加2019年湛江市中小学生自然笔记大赛，15人参赛，14人获奖。

市一等奖：六（1）　蓝芷怡　《柠檬树的观察》

　　　　　六（3）　郑钰金　《植物世界》

市二等奖：六（2）　黄馨竹　《植物与昆虫的观察》

　　　　　六（5）　黄乐怡　《观察燕子》

　　　　　六（5）　李傲君　《自然观察》

市三等奖：六（3）　张丽丹　《豌豆成长记》

　　　　　六（4）　陈慧荧　《小草的生长》

　　　　　六（4）　邓乐瑶　《草籽娃娃》

　　　　　六（4）　梁　正　《种子发芽》

　　　　　二（2）　陈怡意　《豆芽的生长过程》

　　　　　二（2）　李昱晓　《采桑果》

　　　　　二（2）　沈晓洁　《向日葵的观察》

　　　　　二（2）　吴映易　《美丽的院子》

　　　　　二（2）　许博涵　《小乌龟》

七、遗憾和思考

本课题研究过程虽历经课题组成员变更、研究内容调整等变化，但在上级教育部门的关心、指导下得以顺利开展，同时也离不开学校及全体教职工的大力支持，尤其是课题组成员之间的通力合作，所以，每一项研究成果的获得，都是大家共同努力的结果。无论是参与课题研究的教师还是学生，在这一过程中都得到了锻炼，得到了成长和发展。根据中期检查发现的问题，本课题组以常态化实施、完善资源管理形式和创新社团类型等为抓手，持续推进课题研究，收到了良好效果。学校依托班团队资源开展综合实践活动的路径逐步拓宽，社团数量增加到12个，计划拟再增设创客社团、以学科为主题的学社等，拓宽综合实践活动主题的来源，基于学生学习生活、社会生活，与德育、团委、学科融合，为学生成长提供个性化选择，满足学生学业需求的同时兼顾个性发展，为学生搭建更广阔的发展空间，这很好地体现了本课题研究的意义与价值。

前人丰富的研究成果，为我们的研究提供了重要参考，拓宽了我们研究的思路。两年多的探索与实践，深化了课题组成员及实践教师、学生对综合实践活动的认识，提升了我们开展综合实践活动的技能和信心。但是，纵观这些实践研究，我们发现还存在如下不足，这给本研究提供了进一步探索的空间。

（1）教研是一线教师的生活常态，又是实现教师专业化成长的有效途径，无论是专职综合实践活动教师还是兼职综合实践活动教师，熟练掌握综合实践活动课堂教学模式及组织管理综合实践活动技能，是综合实践活动常态化、校本化发展的必备条件。综合实践活动学科的独特性和新兴性更需常态化教研的辅助与推动，关于综合实践活动校本化教研路径的研究有待进一步探索与实践。

（2）对教师课堂教学成果的展示叙述较多，而对课堂以外的学生活动指导的深入剖析较少。因而教师无法清晰地从理论知识转化过渡为实践性技能，模糊的理论知识在真实的教学实践中得以具体有效的运用的状况不甚理想，故研究案例提供的指导性有待进一步具体化。

（3）学生是开展综合实践活动的主体，"自主性、实践性、开放性、生成性"原则的实施在一定程度上取决于学生的"打开方式和程度"，转变学生从"被动"到"主动"的学习方式是关键。因此，在综合实践活动中，如何转变学生学习方式的研究有待进一步加以提炼。

（4）依托形式多样的社团开展综合实践活动是本课题的亮点。社团的蓬勃发展为综合实践活动的落地提供了土壤，关于社团与综合实践活动的深度融合尚需进一步研究。

（5）"自主、开放、生成、实践"的综合实践活动理念需要广泛的社会资源支持。长久有效的校企、校馆、校室、家校互助合作机制还不健全，资源还十分匮乏，这也为日后研究提出了新的挑战。

"以综合实践活动课程为载体提升学生语言建构与运用能力的研究"申请书

一、研究意义

1. 研究背景

核心素养是当今世界各国课程改革的风向标、主基调，我国也在2014年启动了学生发展核心素养项目。党的十八大提出，要把立德树人作为教育的根本任务。学科核心素养是学科教育在全面贯彻党的教育方针、落实立德树人根本任务、发展素质教育中的独特贡献，是学科育人价值的集中体现，是学生通过学科学习之后逐步形成的正确价值观念、必备品格和关键能力。2018年1月16日，教育部公布的2017年版《普通高中课程方案和语文等学科课程标准》把语文学科的核心界定为语言建构与运用、思维发展与提升、审美与创造、文化传承与理解四个层面。

2014年9月新出台的《国务院关于深化考试招生制度改革的实施意见》首次提出综合素质评价将成为高校选拔人才的参考。综合素质评价的主要内容为学生的思想品德、学业水平、身心健康、艺术素养和社会实践等。此项改革于2017年面向全国整体实施。

为落实党和国家的教育方针，适应新时期教育改革的要求，根据相关文件要求，我校从实际出发，积极开展综合实践活动课程，利用学校、社会资源，成立了校园足球、羽毛球、管乐队、合唱队、围棋、语言艺术兴趣小组、写作兴趣小组等共12个社团。这些社团每周按计划开展活动，为学生提供了参与综合实践活动的平台。在参加活动过程中，学生的思想品德、学业水平、身心健康、艺术素养和社会实践等五个方面都得到了不同程度的锻炼、提升。在此基础上，学校成立了综合实践活动课程教研组，申报了广东省教育科研"十三五"规划2017年度教育科研课题"利用班团队资源开展综合实践活动的校本实践研究"，随着课题研究的步步推进，综合实践课程的重要意义已经得到学校众多师生的理解、认可。

我们认为，在新时期教育进行深度改革的背景下，为落实立德树人的教育根本任务，探索以综合实践活动课程为载体提升学生语文学科核心素养，是一项崭新的尝试，具有较高的学术价值和应用价值。考虑到学校的师资及课题组成员的课题研究经验，且课题组成员多为小学义务教育阶段的教师，我们将研究范围缩小到以综合实践活动课程为载体提升学生语言建构与运用能力的研究这个点上。

2. 核心概念的界定

（1）综合实践活动是从学生的真实生活和发展需要出发，从生活情境中发现问题并转化为活动主题，通过探究、服务、制作和体验等方式，打造培养学生综合素质的跨学科实践性课程。综合实践活动是国家义务教育和普通高中课程方案规定的必修课程，与学科课程并列设置，是基础教育课程体系的重要组成部分。综合实践活动课程由地方统筹管理和指导，具体内容以学校开发为主，自小学一年级至高中三年级全面实施。

综合实践活动课程的实施是指在教师的指导下，由学生自主进行的综合性学习活动。综合实践活动课程是基于学生经验，密切联系学生的生活和社会实际，体现对知识综合应用的学习活动。

（2）新颁布的语文课程标准把语文的学科核心素养界定为四个层面：①语言建构与运用；②思维发展与提升；③审美与创造；④文化传承与

理解。

语言建构与运用是指学生在丰富的语言实践中，通过主动的积累、梳理和整合，逐步掌握祖国语言文字特点及其运用规律，形成个体言语经验，发展在具体语言情境中正确有效地运用祖国语言文字进行交流沟通的能力。

二、研究现状

目前，国内外关于综合实践活动课程的研究比较深入，我国有专门的"综合实践活动网"、综合实践研究杂志，相关著作有教育部基础教育课程教材发展中心主任田慧生主编的《综合实践活动课程的理论探索与实践反思》，广东省省内有深圳市南山区中小学心理健康教育指导中心主任刘道溶等主编的《中小学综合实践活动教学活动设计案例精选》等。

因教育部在2018年才明确各个学科核心素养的内涵，各地对学科核心素养的探讨、研究都处在初始阶段。对以综合实践活动为载体提升学生语文学科核心素养的研究，目前可以说是一个新的课题，可借鉴的成果现有不多。

三、总体框架、基本内容及拟达到的目标

以学校开展的综合实践活动为载体，研究学生在参与活动的过程中，语言的建构与运用能力是否得到提升。目前学校共有足球、管乐、写作等12个学生社团，每个社团人数从30至60不等，课题组将通过数据统计、对比，分析哪些个体、团体的语言建构与运用提升较快。

（1）将综合实践课程落到实处。学校已经成立了综合实践活动课程教研组，通过综合实践活动课程，从打造学科品牌、助推学校发展的高度出发，配齐配足师资，将综合实践课程落到实处。

综合实践活动课程的目标是通过研究性学习、社会实践与社区服务等活动，培养学生独立的、持续探究的兴趣；使学生获得丰富的参与研究、

社会实践与社区服务的体验；进一步提高学生发现问题、提出问题和分析问题的能力；使学生掌握基本的实践与服务技能；培养学生分享、尊重与合作的精神；使学生养成实事求是的科学态度；培养学生的服务意识与奉献精神、社会责任心与使命感。

（2）从综合实践活动的目标可以看出，要实现课程目标，语言沟通能力在活动过程中起到非常重要的作用。课题组拟引导学生参加他们各自感兴趣的综合实践活动，完成相关任务，并在此过程中，通过拟订活动计划、记录活动过程、写活动总结，以及与伙伴交流活动中的感受等方式，让学生体验到沟通在合作过程中的重要作用，体验到语言的建构与运用在沟通过程中的重要作用，从而有意识地提升学生语言建构与运用的能力，增强语文学科的核心素养。

四、拟突破的重点、拟解决的关键问题及主要创新之处

1. 拟突破的重点

在各项综合实践活动中，学生的综合素质得到提高的同时，其语言的建构与运用能力也得到提升。

2. 拟解决的关键问题

在以往的"三维目标"的基础上，将知识与能力、过程与方法、情感态度与价值观提升为强化学生的语文学科的核心素养，而不仅仅是提高学生听说读写的能力。

3. 主要创新之处

将综合实践活动这相对较"新"的课程与教育改革的最新要求结合起来，大胆尝试，将语文教学从课堂拓展到课外的综合实践活动，将教学的阵地从教室扩展到日常生活。既提升了学生综合素质，又提高了学生语言建构与运用能力，还提升了学生的语文核心素养，达到"一箭双雕"的效果。

五、研究思路、研究方法、研究路径和实施步骤

1. 研究思路

本课题研究按照"课题论证—制订方案—实践研究—交流总结—申请结题"的程序进行。先明确研究的内容、方法和步骤；再组织本课题组教师深入了解、学习，提高对综合实践活动与语文学科素养二者之间关系的认知，在进行综合实践活动过程中，积极探索提升学生语言建构与运用能力的方法，提升学生语文学科核心素养并夯实基础。

2. 研究方法

本课题主要采用文献法、问卷调查法、比较法和个案研究法。

3. 研究路经

本课题的研究路径为前期调研—课题论证—课题计划—实践探索—反思调整—收集资料—总结分析—形成报告—推广应用。

4. 实施步骤

（1）设计申报阶段（2018年9月—2019年2月）

采用文献法查综合实践课程研究成果的相关资料以及语文核心素养的相关论述，收集、研究与本课题相关的理论。了解国内外同一研究领域的现状，明确本课题的研究价值，组建研究团队；邀请专家培训课题组成员，指导课题实施。

（2）实施研究阶段（2019年3月—2020年2月）

组织开题，讨论、制订阶段实施规划，以问卷调查法、比较法和个案研究法等方法，研究在综合实践活动实施过程中，如何融入语文教学。通过让学生写活动计划、记录实施过程、与同伴交流等方式，更有效地提高学生的语文学科核心素养。

（3）课题鉴定阶段（2020年2月—2020年3月）

通过实践检验研究方案，进一步明确以综合实践活动为载体，提升小学生语文核心素养中语言建构与运用能力的有效途径。总结研究成果，撰

写研究报告和论文，形成研究成果，申请结题并展示。

六、可行性分析

1. 已取得的相关研究成果

学校的写作兴趣小组会每周举办活动，每月出校刊两期，每期刊载学生习作约30篇。2017年，学生习作作品《墨苑文学》参加广东省第一届中小学特色学校建设成果评比，获得三等奖。2018年，以学校各社团活动为基础编辑的《"尚美"特色课程方案》荣获广东省第二届中小学特色学校建设成果评比三等奖。

2. 主要参考文献

（1）《综合实践活动课程的理论探索与实践反思》，主编田慧生，田慧生是教育部基础教育课程教材发展中心主任。

（2）《中小学综合实践活动教学活动设计案例精选》，作者刘道溶，刘道溶是深圳市南山区中小学心理健康教育指导中心主任。

（3）《核心素养如何转化为学生素质》，作者张绪培，张绪培是中国教育学会副会长，国家督学。

（4）《核心素养导向的课堂教学》，作者余文森。余文森，福建师范大学。

（5）《基于核心素养导向的小学语文教学》，作者张亚、杨道宇。张亚，渤海大学教育学院；杨道宇，渤海大学教育学院。

（6）《核心素养研究》，作者钟启泉、崔允漷。钟启泉，华东师范大学；崔允漷，华东师范大学课程与教学研究所。

3. 负责人的主要学术经历，主要参加者的学术背景、研究经验和组成结构

课题负责人韩宁为初中语文高级教师，于2011年参与了广东省重点德育课题"校社联动培养城市弱势群体子女健康人格"的研究，作为课题实施承接单位的负责人，完成很多基础工作。目前主持两项课题项目，一项是广东省"十三五"教育科研课题"利用班团队资源开展综合实践活动的

校本实践研究"，一项是"基于校史发展的校园文化建设研究"，两项课题都处于结题准备阶段。因学校的综合实践活动课程开展得有声有色，取得良好的效果，在湛江市霞山区内起到示范、引领作用，课题负责人韩宁被聘为广东教育学会小学综合实践活动课程教学专业委员会理事。课题主要参与者均为小学语文资深教师，年龄介于40岁至48岁之间，有丰富的工作经验，办事干练，责任心强，他们或是学校教育教学骨干，或是学校综合实践活动课程教研组的成员，或是湛江市霞山区综合实践活动课程名师工作室的成员，对在综合实践活动课程实施中如何提升学生的语文素养进行了有益的探索。吴丽婵老师是省重点德育课题"校社联动培养城市弱势群体子女健康人格"课题组成员之一。

4. 课题的保障条件

（1）负责人是湛江市霞山区"三名"工作室主持人，湛江市霞山区教育局为工作室配备了工作经费。湛江市霞山区教育局教研室的领导、专家将对校长工作室的工作给予大力支持和无私的帮助。

（2）根据课题组的实际需要，给予补充经费，初步计划补充20 000元，如果需要将再追加。对课题研究所需的资料、场地和人员，也将根据课题组的需要给予充分保障。

（3）自2018年9月开始准备，历时半年，前期的准备工作做得很充分。研究时间从2019年3月至2020年2月，历时一年，跨越两个学期。因研究的问题集中在提升学生语言建构与运用能力这一个点上，属于研究范围小、内容少，但具有开创性的课题，全体课题组成员抓紧工作，计划用一年时间完成。

"以综合实践活动课程为载体提升学生语言建构与运用能力的研究"结题报告

湛江市霞山区中小学教育科学"十三五"规划课题"以综合实践活动课程为载体提升学生语言建构与运用能力的研究"（课题编号sx2019z011）在上级领导、专家的关怀下，在课题组成员的共同努力下，研究进展顺利，按计划达成课题的预期成果。现将课题研究情况报告如下。

一、研究内容及已解决的关键问题

课题研究的内容是以学校开展的综合实践活动为载体，研究学生参与活动是否有利于提升学生语言的建构与运用能力，从哪些方面促进学生语言的建构与运用能力的发展。以学校足球、管乐和写作等共12个学生社团活动、学生综合实践活动为依托，通过数据统计、对比，分析哪些个体、团体的语言建构与运用能力提升较快。经过研究，已经解决的关键问题如下。

（1）课题组对综合实践活动与提升学生语言建构与运用能力之间的内在联系进行了有益的探索，了解了通过综合实践活动提升学生语言建构与运用能力的内在规律，掌握了一些具体操作方法。在综合实践活动实施过程中，为实现活动目标，语言沟通能力起到非常重要的作用。课题组引导学生参加自己感兴趣的综合实践活动，完成相关任务，在活动过程中，通过拟订活动计划、记录活动过程、写活动总结，以及与伙伴交流活动中的感受等方式，提高了活动效率，提升了活动效果。同时，学生体验到沟通在合作过程中的重要作用，从而有意识地提升自己的语言建构与运用的能力，增强语文学科的核心素养。

在以往的"三维目标"的基础上进行扬弃，将知识与能力、过程与方法、情感态度与价值观提升为强化学生的语文学科的核心素养，而不仅仅是提高学生的听说读写能力。

（2）提升了学生合作学习的能力、探究学习的能力、自主学习的能力以及综合素质。

二、课题研究的方法设计

1. 研究方法

本课题主要采用问卷调查法、比较法和个案研究法。

2. 技术路线

本课题的技术路线为前期调研—课题论证—课题计划—实践探索—反思调整—收集资料—总结分析—形成报告—推广应用。

三、课题研究的基本过程

1. 加强理论学习，制订实施方案

本课题的研究，是以开展好综合实践活动课程为基础的。在湛江市霞山区教育局领导的关心、帮助下，我校的综合实践活动课程开展顺利，取得了较好的成效，学校成立了综合实践活动课程教研组，申报的省级"十三五"课题"利用班团队开展综合实践活动的校本实践研究"已顺利结题。课题组以此为基础，组织课题组成员学习综合实践课程的相关理论，培训实施综合实践课程的技能。

课题开题后，课题组成员在学校及湛江市霞山区教研室领导的支持下，针对开题报告会上专家提出的指导意见，认真研读领会，交流学习，

采集综合实践课程成果的相关资料以及语文核心素养的相关论述，收集、研究与本课题相关的理论。了解国内外同一研究领域的现状，明确本课题的研究价值。邀请专家培训课题组成员，指导课题实施。结合各班实际，制订综合实践活动课程实施方案，请综合实践课程专家、小学语文教学专家对方案进行指导、修改，为课题后期的研究夯实了基础。

课题组购买了教育部基础教育课程教材发展中心主任田慧生主编的《综合实践活动课程的理论探索与实践反思》、深圳市南山区中小学心理健康教育指导中心主任刘道溶的《中小学综合实践活动教学活动设计案例精选》等书籍供大家学习。课题主持人韩宁校长参加省级校长培训班期间，注意向其他地区的校长学习，密切留意与课题相关的信息，于2019年11月随培训班赴吉林省学习期间，在吉林大学附属中学了解到该校齐丽老师带领一个团队在研究通过综合实践活动课程提升学生学习数学能力的课题，积累了丰富的材料，编写了《综合实践课程理论实践案例探究》一书，对我们的课题研究有非常好的借鉴意义，随即购买了3本此书，并组织课题组成员共同学习。

自课题2019年5月获批立项至2020年1月以来，课题组坚持以集中学习、请专家辅导、看网络视频和自学等形式，组织6次理论学习，为课题研究顺利开展打下了基础。

2. 扎扎实实开展综合实践活动，推进研究工作

课题开题后，课题组成员随即按计划开展研究工作。大家从综合实践活动课程入手，激发学生兴趣，引导学生参与。各班级综合实践活动课程见表1-3。

表1-3 各班级综合实践活动课程

序号	指导老师	综合实践活动课程	班级
1		折纸——七色花	
2	罗老师	手工——不倒翁	一（3）班
3		我为校园植物做名片	

续 表

序号	指导老师	综合实践活动课程	班级
4	李老师	有趣的五谷杂粮贴画	三（2）班
5	李老师	泥塑之旅	六（1）班
6		走进端午节	
7		足球	
8	钟老师	手工	二（6）班
9		端午节，端午粽	
10	吴老师	当家学理财	六（5）班
11		端午佳节粽飘香	
12	邓老师	家庭疫情防控小窍门	四（3）班
13		面粉百变	
14	黄老师	广州湾滩涂生物种类调查	六（1）班
15		矿产码头对周边居民生活的影响	

其中，罗老师结合小学低年级学生的年龄特点，引导学生开展的"折纸——七色花""手工——不倒翁""我为校园植物做名片"等综合实践活动经过精心策划，活动组织过程包含活动背景调查、活动方法、策略、活动计划、活动实施阶段和活动评价等阶段，在每一个阶段中，学生都有各自需要完成的任务。为了完成任务，学生需要跟同伴沟通、协调、争论。本来对一年级的学生能否完成任务还有些担心，但学生都完成得很好，语言的建构能力得到了锻炼、提升。很多家长都反映：孩子在综合实践活动过程中，变得爱思考问题，能自己想办法解决问题，说话更清晰，表达更有条理，语言能力有了显著提高，与人沟通能力得到进一步提升。罗老师的研究，打破了一些人对小学一年级学生是否适合参与综合实践活动课程的疑虑。

中、高年级的老师在学生语言表达能力得到提升的基础上，鼓励、引导学生参与综合实践活动，让学生将自己的想法、做法、与人沟通的经历记录下来。至今，课题组成员共组织6个班共286名学生开展综合实践活动，学生组建了小团队，挑选了11个问题进行研究，产生研究记录约3000篇，总字数近10万字。在跟踪记录实践活动过程中，学生运用语言、文字的能力也得到提升。2020年春季，学校不能按时开学，课题研究进度不可避免受到一定的影响。但课题组成员想方设法克服困难，将疫情防控和线上学习等挑战转化为学生综合实践活动的一部分，与课题研究相结合，将危机变为转机，也取得了一定的成效。吴丽婵老师和其他老师合作编写的综合实践活动课程案例《巧用面粉，智慧生活》被评为广东省一等奖，并被广东省"粤课堂"在线教学平台录用，作为疫情防控期间面向全省开放的在线教材。同时，学生记录实践过程的文字资料也深受家长好评。

参与课题研究活动的班级从一年级到六年级都有，在老师的引导下，每个年级的学生都对综合实践活动课程产生了浓厚的兴趣，并且都能在活动中感受到成功的喜悦。对一个类似的实践活动，不同年龄的学生有不同的关注点。如同是研究端午节和粽子，低年级的学生关注的重点是谁家的粽子个大不大、样子好不好看和味道好不好等。高年级的学生则会关注端午节的历史由来和传承的意义等，在关注好不好吃的同时，还会考虑制作成本和吃多了对身体好不好和哪些人不适宜吃粽子等问题。可见，随着研究的深入，学生思考问题的广度、深度也在逐渐增加。湛江市第十三小学黄桂平主任因地制宜，组织学生调查海边滩涂生物种类和矿物码头对周边居民生活的影响，将教育活动与生活实际密切联系起来，学生参与的积极性非常高。学生将真实的经历和亲身的体验记录下来，就是非常生动的作文。

通过整理收集到的资料，分析、对比有关数据，我们发现，综合实践活动对提升学生语言的建构与运用能力的确起到正向作用。截至结题阶段，共有7个班336名学生参与班级组织的综合实践活动。老师、家长普遍反映这些学生与一年之前相比，与人交往更加自信，语言组织能力有了显著提高，表达更加清晰、流畅。与同年级对照班级的学生相比，语文成绩平均分高3.1~6.3分，差距比较明显。作文平均分高2.6分，四年级以上的学生有76.2%能按要求完成作文，得分均在80分以上。文章字数平均为483字，比对照班的多61字。词汇量也比对照班的多，语句更流畅，情感表达更为丰富。

在实践的基础上，课题组成员认真总结经验，撰写论文。课题组成员共撰写并发表与课题研究相关的论文8篇，顺利完成预定目标。

四、课题研究成果

1. 课题组成员共发表相关论文8篇

课题组成员在各级刊物共发表相关论文8篇（见表1–4）。

表1–4　课题组成员发表论文情况

序号	成果名称	作者	形式	字数	完成年月	出版单位或发表刊物名称、刊号
1	《以综合实践活动为小学生语言构建与运用能力培养注入新的活力》	吴丽婵	论文	3000	2019年6月	《年轻人教育》ISSN 1003–9147 CN 43–1181/C
2	《以综合实践活动课程为载体提升小学生语言建构与运用》	李 红	论文	2500	2019年8月	《读书文摘》ISSN 1671–7724 CN 42–1672/G2
3	《论综合实践活动中的写话兴趣培养》	罗小彬	论文	2500	2019年8月	《教育》ISSN 1671–5624 CN 50–9214/G
4	《小学五六年级口语交际课堂教学研究》	吴丽婵	论文	2500	2019年9月	《新智慧》ISSN 1674–3717 CN 42–1770/C
5	《在活动中培养低年级学生的口语表达能力》	李 红	论文	2500	2019年9月	《小学生作文辅导》ISSN 1671–1726CN 22–1048/G4

序号	成果名称	作者	形式	字数	完成年月	出版单位或发表刊物名称、刊号
6	《学会表达 乐于表达——试论小学低年级学生口语交际能力的培养》	钟 欢	论文	2800	2020年1月	《求知导刊》ISSN 2095–624X CN 45–1393/N
7	《在有趣的实践活动中培养学生的作文能力》	李井勇	论文	2600	2020年6月	《语文课内外》ISSN 1672–1896 CN 51–1649/G4
8	《以读促写在小学语文写作教学中的应用分析》	黄桂平	论文	2600	2020年7月	《学习周报·教与学》CN 54–0014 邮发代号21–819

2. 撰写研究报告1篇

研究报告名称为:《以综合实践活动课程为载体提升小学生语言建构与运用能力的讲究》。

五、遗憾和思考

回顾课题研究过程,虽然取得了一点成绩,但更多的是遗憾和思考。

课题研究的深度、广度均有待进一步提升。课题实施过程中,我们发现该课题是非常贴近学生生活、贴近当前的语文教学的。研究的切入点对解决小学语文教师面临的实际问题非常有帮助,对提升学生语言的建构与运用能力非常有帮助。但因课题组成员整体能力有限,特别是对数据、案例的收集、分析方面有待进一步提升,故在有限的时间内,没能对课题进行更深入的研究,没能提炼出更好的研究成果。课题对校内语文教学起到一定的推动作用,但影响力仅限于校内,影响范围过小。

附:**专家评议要点**

"以综合实践活动课程为载体提升学生语言建构与运用能力的研究"这个课题,是关于语文学科语言学习的规律方面的研究。课题的提出,不但关注了语文学科的核心素养，更可贵的是能够依托学校已有的省级"十三五"课题"利用班团队资源开展综合实践活动的校本实践研究"的研究成果，提出综合实践活动向语言发展方面的研究，其效果事半功倍。

学校综合实践活动开展得有效、扎实与语文学习和生活是分不开的。促使学生在活动中去关注发展语言和运用语言，是非常有研究价值的课题。

课题核心概念的界定非常清晰，实施的步骤、成员分工也非常明确，成员均为学校一线的语文骨干教师。课题的实施，将会促进湛江市第二十四中学的语文教学，给湛江市霞山区小语界带来新的气息，也给其他课题提供借鉴经验。

为使新课题更顺利、高效地开展，提出以下建议。

第一，进一步明确课题试图解决的关键问题。要通过课题研究提炼出可以借鉴、值得推广的经验。综合实践活动如何提升语言能力的发展，是这个课题的重点和难点。开题报告介绍了引导学生撰写活动计划记录的活动过程等，课题依托综合实践活动开展，在综合实践活动中提升学生语言建构与运用能力的方法是什么？什么样的方法更有效？学校的语言艺术、乐队训练、足球等相关综合实践活动，与语文教学相结合，在提升学生语文学科素养方面各有什么好处，有什么共性的规律？找出共性规律是课题需要解决的问题。

第二，在研究方法方面，因为综合实践活动是学生在具体的行动中实施的，建议在研究方法上增加行动研究法，让学生在自然、真实的教育环境中，在完成综合实践活动过程中，提升语言的建构与运用能力，确保课题更顺利、高效地进行。

第三，根据湛江市霞山区的课题管理办法，课题如申报结题，至少需发表1篇相关论文，并注明是本课题的研究成果。课题组计划撰写并发表6篇论文作为课题成果，将结题门槛提高了很多。为确保课题研究进度，按计划完成各项指标，最后能顺利结题，建议将论文发表的数量调整为3

第二章 ②
论 文 荟 萃

身为教育工作者，应该经常动笔写点文章。

读小学时开始学写作文，不知道该怎么写，语文老师就将开头帮我们写好，每段的第一句话也帮我们写好，让我们将自己想写的内容套进去，一步一步带着我们完成第一篇作文，消除我们对写作文的恐惧感。在老师的引导下，我慢慢摸到了点写作文的门道，当自己的作文被老师在班上当范文读时，"心里美滋滋的！"

到了初中，要求写议论文，论点、论据和论证都有具体的要求。那时没有网络，偏远的山村没有图书馆，想找到一本书来看很不容易，肚里没有多少材料，想写一篇论证生动的议论文很难，对能写出好文章的同学是发自内心地敬佩。隐隐也感悟到做人、做事和写文章有相通之处：要注意次序，要讲道理才站得住脚，要有格局……

参加工作后，成为一名语文老师，将工作中的感受记录下来，慢慢成了习惯。学校要求每位老师期末都交一份总结或者论文，我不喜欢交总结，每学期的工作其实都差不多，总结也差不多。我喜欢交论文，将自己平日积累的材料整理一下，一篇论文就出来了。虽然谈不上有什么价值，但还是得到领导的表扬，领导鼓励我要经常写，可尝试投稿，我又是"心里美滋滋的"。慢慢地，有论文发表，自己的教学能力、班级管理能力也在不知不觉中得到了提高，体会到单会做还是不怎么行，还得会写点东西，会总结，进步会更快。担任学校领导后，更进一步感到写文章和管理有许多相通之处。曹丕在其《典论·论文》中写道，"盖文章，经国之大业，不朽之盛事"，将撰写文章的意义提到了"经国之大业"这样的高度。"经国之大业"是什么感受，我无从知道，但身为学校管理者，的确需要写点文章，结合学校的实际，做点文章。

曹丕还写道："年寿有时而尽，荣乐止乎其身，二者必至之常期，未若文章之无穷。是以古之作者，寄身于翰墨，见意于篇籍，不假良史之辞，不托飞驰之势，而声名自传于后。"写文章，不敢奢望声名传于后世，只图对工作有帮助就值。

以综合实践活动为载体，培养学生健康的心理

我们重视学生的心理健康问题，做了许多相关工作，取得一定的成效。但不可忽视的是，关于学生心理健康问题，我们做的与现实的需求还存在不小差距。

学生产生心理问题，学习压力大是重要的原因之一。传统课程过于强调分数，使分数成了学生心理问题的压力源。笔者所在学校，近年高度重视综合实践活动课程，指导学生组建了合唱队、管乐队和足球队等12个社团，以社团活动的形式开展综合实践活动，吸引了566名学生参加。在实践过程中，我们发现综合实践活动对培养学生健康的心理有着积极的作用。

那么，综合实践活动如何帮助学生培养健康的心理呢？

一、学生在综合实践活动中学会了沟通、理解

因为年龄、阅历的关系，中小学生思考问题多习惯以自我为中心，难于做到设身处地为他人着想，这就容易引发与身边人的矛盾。综合实践活动要求队员与队员之间建立良好的合作关系。当队员之间出现矛盾时，他们会如何处理？（以下学生姓名均为化名）

学校管乐队准备参加湛江市霞山区庆祝中华人民共和国成立70周年活动的节目遴选，但小号器乐部的部长张兰与其组员王东之间出现了点问

题。近日小号部总是被指挥批评，不是节奏跟不上就是音准、音色达不到要求。作为部长，张兰知道问题出在王东身上。王东以前一直表现都很好，最近怎么老出差错，拖后腿呢？

张兰找王东聊天，询问其原因。开始王东支支吾吾，顾左右而言他。张兰觉得王东很不像个男子汉，但为了不拖乐队的后腿，张兰还是耐着性子、一次又一次跟王东沟通。最后，王东终于吐露了心声。原来，他的一颗门牙在小学六年级时摔掉了，整天被同学嘲笑，让他很自卑。上初中前，尽管家里经济不宽裕，但妈妈狠下心，花大价钱给他种植了一颗足以乱真的假牙。机缘巧合，上了初中，他进了学校管乐队，吹起了小号。开始一切都很顺利，但是最近排练的曲子，有几个超高音，王东没有掌握吹奏超高音的技巧，一味用大力气吹，号嘴对门牙形成较大的压力，他担心假牙会松动，心理有了负担，所以排练时就总出状况。

了解内情后，张兰不再心急，耐心地与王东分享吹奏超高音的心得、技巧。在张兰的帮助下，王东掌握了吹奏超高音的正确方法，使乐队的排练顺利进行。

建立良好的合作关系，还需要了解他人、包容他人。每个人都有自己的优缺点，在与人合作的过程中，不可能只与他人的优点合作，当与他人的缺点发生冲突时，唯一能做的就是包容。张兰凭借在综合实践活动中锻炼出来的沟通能力，用理解、包容为乐队消除了进步的障碍。

二、综合实践活动帮助学生学习接受失败

在人生路上，我们习惯鼓励孩子努力去争取成功。但是，我们似乎忘了，教会孩子接受失败，比积极争取成功更重要。

参与综合实践活动的学生，必须经常面对失败。李华是学校围棋队的主力队员，经常参加各类比赛，赢得不少荣誉，在学校里知名度很高。他在与同学交流的时候由衷地说："相对于胜利，失败给我的记忆更深，对我的触动更大。几次在收官环节，因一时大意，被对手翻盘的经历，都让

我刻骨铭心。一着不慎，满盘皆输，这样的经历告诫我要认真下好每一盘棋，将棋子摆在正确的位置，也提醒我把自己摆在正确的位置。"

失败往往不是因为自己不努力，全力以赴之后迎来的失败，更难让人接受，特别是对青少年学生而言。失败带给人最直接的感受是痛苦，这让人们本能地排斥失败。但正如爱迪生所说："失败是我需要的，它和成功一样对我有很大价值，只有在我知道做不好的方法之后，我才知道做好的方法是什么。"教学生学会接受失败，学生才可能具备把失败转化为追求成功的能力。世界上有无数人已经丧失了他们拥有的一切东西，然而还不能把他们叫作失败者，因为他们仍然有着不屈服的意志，有着坚韧不拔的精神。综合实践活动，能让学生经历更多努力—失败—调整—努力的过程，在这一过程中，团队成员互相支持、鼓励，共同分析失败的原因，寻找通向成功的路径。经历得多了，这些学生的心智就表现得更加成熟，处事比一般学生更稳健，抗压能力会更强。

失败是经常的，成功只是少数，这是个冰冷、残酷的现实。如果我们不能接受失败，不教会学生接受失败，学生就可能消失在成功到来之前的这段路上了。

三、综合实践活动让学生学会接纳自己

各个综合实践小组的成员，基本都有自己的特长，这让他们更自信。虽然身处由强者组成的团队，他们也必须面对一些困扰。

困扰来源于人们往往认为自己比别人强，而这种想法跟事实产生了矛盾，也就形成了内在困扰。李军是学校篮球队的成员之一。篮球在带给他快乐的同时，也给他带来了苦恼，特别是最近，他总觉得在团队里地位低，没有得到应有的重视。他承认自己不是绝对主力，但是也不该被忽视。

我告诉李军，所谓接纳自己，就是指相信自己的价值是由自己来定义的，而不是由其他人定义的。当有人否定你的时候，你要大声告诉自己，

即使得不到你的认可，我的存在依然是有价值的。现实中，一些学生会因容貌、性格、能力和家庭等不能接纳自己，因而表现出自卑、愤懑和抵触等不良的心理状态。出现这样的情况，旁人的疏导往往效果不明显，还容易出现反复。当学生在综合实践活动过程中，自己领悟到人与人会有差异的时候，就能更准确地定位自己、接纳自己。

接受现实，接纳自己，才能做更好的自己。李军明白了这一点，心理上的包袱卸下了，以积极的姿态投入新的学习生活。

综合实践活动，来源于学生的生活，学生在学习过程中自主性较大，探究的过程契合学生的心理需求，帮助学生在活动过程中学会沟通、学会理解、学会接受失败、学会接纳自己……这样，学生才会真正坚强起来，拥有健康的心理，从容面对学习、生活中的挑战！

参考文献：

[1]戴尔·卡耐基.人性的弱点[M].达夫，译.长春：吉林文史出版社，2018.

[2]卡伦·霍妮.小众心理学[M].许军，译.北京：时事出版社，2018.

[3]宋晓东.情绪掌控，决定你的人生格局[M].北京：天地出版社，2018.

以综合实践活动为小学生语言构建与运用能力培养注入新的活力

教育的发展，要求我们将教学活动与生活紧密结合起来。综合实践活动密切联系学生的日常生活，贴近生活的教学方式可以为学生提供多渠道获取知识并加以应用的机会，使小学生在语文课堂之外更轻松地提升语言建构与运用能力。把综合实践活动引入语文学科的学习与教学中，可以在实践中发掘课本知识以外的经验，提升学生的学习兴趣，促进学生语言建构与运用能力的提升。

一、传统语文课堂在培养学生语言建构与运用能力方面普遍存在的问题

目前，绝大多数小学语文教师的课堂教学活动大都依纲靠本、按部就班进行。依纲靠本没有问题，这是教学活动的基本要求，但是在依纲靠本的基础上，我们还需创新，"创新是一个民族进步的灵魂，是一个国家兴旺发达的不竭动力，也是中华民族最深沉的民族禀赋"，但在实际操作过程中，很多老师因时间、能力、习惯等的影响，没有给学生更多独立思考、展现个性的空间，因此在一定程度上，学生的思维受到限制。学生在语文课堂上，觉得无话可说，或想说点什么，却又不知从何说起。于是在语文课上，经常可以看到如此尴尬的场面：老师为"启而不发"而急得满

头大汗。好不容易引导学生说出想要的答案，老师松了一口气，学生却因"口是心非"失去了再开口的欲望。

这样的困局如何破解？

二、以综合实践活动为语文学习注入新的活力

在一次综合实践活动中，老师组织学生学习做蛋糕，要求学生把从购买原料到设计图案、烘焙、品尝蛋糕的整个过程记录下来。在展示作品时，向其他学生介绍制作过程，也可以重点介绍其中的某一个环节。没想到，平时很少发言的学生，在这节课上都纷纷要求发言，而且说得头头是道：买面粉、鸡蛋时如何与老板讨价还价；设计蛋糕图案时小组成员如何各抒己见，最后经过沟通、协调，形成共识；品尝蛋糕，如何才能将嘴里的味道和心里的感受都说明白……"有心栽花花不开，无心插柳柳成荫"，一节综合实践课在不知不觉成了一节效果非常好的语文课。在这节课中，学生的语言建构与运用能力得到了很好的锻炼。为什么综合实践活动能有效培养学生的语言建构与运用能力？因为综合实践活动和语文教学有以下几个契合点。

1. 帮助学生积累语言表达素材

在综合实践活动的实施过程中，教师可以为学生开展不同的实践活动，如做水果拼盘、剪纸和烘焙等。这样的活动，从准备材料到制作过程，再到最后的成果展示，每一个环节都是学生的亲身经历，学生都有切身的体会。学生在处理不同的事情时，与各种各样的人接触、交流，积累了语言表达的各种素材，这些都将成为触动学生内心表达欲望的种子。

2. 突破学生语言表达的心理障碍

为什么有些学生在课堂上不愿发言或不敢发言？主要的原因是自己想的不是老师想要的。学生在课堂上发言的机会本来就不多，说错几次后，老师就不想叫这样的学生发言了，学生也就产生"老师，你的心事我不想

猜"的心理甚至形成心理障碍。综合实践活动课程则完全不一样，老师心中没有预设的答案，学生说的就是自己心里想的，不用担心说错，学生没有心理负担。从某种意义而言，学生的良好语言构建与运用能力，也是学生良好心理素质的体现。丰富多彩的综合实践活动，可以满足学生不同的心理需求，在增长知识和拓宽视野的同时，促使学生打开心扉，彼此交流，突破交流的心理障碍。

3. 帮助学生乐于运用语言表达

在传统的课堂上，当老师要求学生"把话说好"时，学生是非常迷茫的："我这样说不是挺好的吗？"弄不懂老师到底要我做什么。但在综合实践课堂上，当学生赞美其他学生说"你的蛋糕做得真好"时，老师要求学生具体说出蛋糕好在哪里，一名学生说："小敏同学做的这个蛋糕，朱古力、水果、色拉和奶油的颜色搭配得很好；蛋糕上面的小老鼠图案生动活泼，看起来非常调皮；很香，远远就闻到香味，让我口水都流出来了！"

看，说得多好的一段话！学生随口就说出来了，不用老师费什么心思去引导学生"说话要有条理"，得来全不费工夫。"知之者不如好之者，好之者不如乐之者"，语言来源于生活，是人们交流的工具。学生在丰富多彩的综合实践活动中，能真正体会到语言在生活中的作用，调查访问、网络咨询、辩论这些学生感兴趣的项目，可以充分激发学生语言表达的积极性，让学生乐于表达。

三、运用综合实践活动为小学生语言建构与运用能力培养注入新活力需注意的问题

综合实践活动能为小学生语言构建与运用能力培养注入新的活力。在具体实践过程中，还需注意以下问题。

1. 依托教材，循序渐进

在新课改的背景下，小学语文教材愈发严密、完整且具有系统性，对

于构建学生的语言和提升语言运用能力具有一定的帮助作用。运用综合实践活动，须依托教材。教材涵盖不同内容的知识，在小学语文的教学中，综合实践活动是对教材内容的补充，使学生学习教材不涉及的生活内容，但是不能脱离教材。

2. 结合生活，互相交流

综合实践活动应当与生活紧密结合，融入社会，使学生积累生活经验，增强其语言建构与运用能力。教师应当利用课内外的良好时机安排学生的综合实践活动，不断提升学生的语言建构和运用能力。鼓励学生互相交流，在交流中互相学习。教师对学生的充分肯定和鼓励可以激发学生学习的积极性，是促进学生不断进取和学习的有效方式。老师的鼓励、同学的肯定，会让学生更乐意表达心中所想，也可以拉近学生和教师的距离，充分为学生语言构建和运用能力注入活力。

3. 激发学生探究的欲望

在综合实践活动课程开展的过程中，教师需要激发学生的探究欲望。因为探究欲望提升，学生才能对身边的现象进行不断的发掘和思考，如果学生对未知的现象没有激情，就不利于学生创新意识的产生。教师应当对学生观察生活和探究生活给予积极鼓励，鼓励学生大胆参与综合实践活动，鼓励学生对于心中疑问积极提问，教师加以热情解答。教师创造良好的语言环境对培养学生良好的语言表达能力会起到明显的促进作用。

四、结语

总而言之，传统课堂单一的教学形式需要转变。将综合实践活动注入语文的学习，是一种新型的教学方式，更是将语文的学习结合到日常生活中提升学生语言构建与运用能力的良好的教学方式，可以为小学语文课堂注入新的活力，提升学生的语言能力。

参考文献：

［1］朱明光.关于活动型思想政治课程的思考［J］.思想政治课教学，2016（4）：4.

［2］章阳.构建小学语文有效课堂教学策略分析［J］.作文成功之路，2014（8）：26.

综合实践活动对学校文化建设的促进作用

运用好综合实践活动对提高教学质量、提升学校文化和帮助学生成长等方面都有着极其重要的作用。因此，各位教师应该秉承着为学生的全面发展与终生发展奠基的教学理念，积极转变教育观念和教育视野，科学地看待并利用综合实践活动促进学校文化建设，并以合适的方法，以"综合实践课程"探索开发为引领，通过多渠道、多层面的实践活动，开发具有自身特色的学校文化，以此促进学生的主动发展，这将对学生的道德培养起到潜移默化的作用。

一、综合实践活动与学校文化建设

学生综合实践活动课程是学校文化建设和特色发展的重要载体。要想更好地树立教师的综合文化视野，我认为，各位教师首先应该明确什么是综合实践活动，什么是学校文化建设。

1. 综合实践活动

随着社会的进步，我们逐渐认识到教学绝不是闭门造车，我们要培养的也绝不是书呆子，那么在实际教学中，我们要培养的是一个什么样的人呢？教育相关部门指出：在新教育理念下，各位教师要结合学生已知经验培养学生的生活能力，努力塑造出德智体美劳全面发展的具有创新精神和实践意识的社会主义接班人。

然而，中学阶段的学生仍处于发展期，各个方面有所不足也是情有可原的，因此，作为教师，我们就必须提供给学生一定的实践机会和应用机会，让学生在实践中得到知识的巩固，在学习中不断思考如何更好地利用和改善所学知识。为做到以上几点，综合实践活动课程就走入了无数学校的大门。综合实践活动是一门新的必修课程，旨在培养学生的实践能力，让学生更好地做好知识与应用的结合，以此加强学生的各项能力养成。与传统教育不同，在综合实践活动课程中，学生成为教学的主体，教师则是以引导和辅助的角色来帮助学生应用知识解决问题；同时，综合实践活动课程也打破了传统教育中的空间限制和时间限制，将知识融入大自然，因此，这种方式更科学，也更轻松。

2. 学校文化建设

所谓"近朱者赤，近墨者黑"，环境在一个人的身心发展中扮演着不可或缺的角色。中学阶段的学生三观尚未完全形成，其思想意识也并不十分坚定，因此，此阶段学生很容易受到如环境等外物的影响而产生不良习惯和不良态度。基于此，为学生塑造一个良好的校园文化，以文化环境的渗透作用提高学生的道德修养是学校义不容辞的责任。

而这个塑造校园文化的过程也就是我们说的学校文化建设，在以往的学校文化建设中，很多学校偏向于塑造一种共同的文化氛围，但是随着文化事业的发展，为更好地发挥学校办学特色，更好地结合学校课程传播当地文化，目前，各个学校在文化建设中也逐渐形成自己独特的风格。在新式学校文化建设中，我们更为注重培养的是学生的道德情操和实践操作能力。在学校文化建设中，校园内外处处皆可为教育地点，由此可见，学校文化建设和综合实践活动课程有着异曲同工之妙，因此，在实际教学中，各位教师还应该厘清综合实践活动与学校文化建设之间的关系。

二、综合实践活动对学校文化建设的促进作用及其实践应用

在认清综合实践活动课程与学校文化建设的基本概念之后，我们还要认识到，综合实践活动课程的主要开展地点就是校园内，因此，其与学校

文化建设是紧密相连的。它不仅是学校文化建设的体现和运用，更是对学校文化建设的进一步完善，也就是说，综合实践活动课程对学校文化建设起着一定的促进作用，那么，我们如何理解并应用这种促进作用呢？

1. 利用校本课程，促进学校课程文化的完善

综合实践活动课程实施需要强化其课程内容校本建构。在实际教学中，我们可以合理利用综合实践活动中的校本课程开发完善学校课程建设，让知识学习更加生活化、具体化。

如在对学校教育资源的完善方面，以语文教学为例，我们使用的课本虽然是经过精心编排的，但是这并不代表着学好教材就等于学好语文。在中学语文中，其包括的内容非常之宽，为更好地唤起学生的语文意识，我们可以利用综合实践活动课程，通过校本课程学习，将教科书中未涉及的、适合此阶段学生学习的内容（如道德故事、诚信故事、古人背景和优秀古诗词等）展现出来，并辅以当地文化、知识和传说等作为例子加以解释，让学生得到更好的文化熏陶和文化教导。

2. 通过实际活动，促进学校学习文化的完善

课程建设是学校教学基本建设的重要内容之一，在学校教育中，学习文化主要包括两个方面的内容：一是教师教的文化；二是学生学的文化。在实际教学中，借助综合实践活动课程，可以在不占用主课学习时间的情况下，帮助各个教师、学生形成良好的文化概念，以集体的力量带动学校全体成员的更好成长。

在教师的教这一方面，教师是教学的主体，也是学校文化的主要传播者，试想若连我们的教师都不具备基本的文化思想观念，那么，我们又如何能让学生形成良好的文化意识呢？而在综合实践活动课程中，通过课程开发和课程创新，每位教师都要被动地不断重塑自己的知识体系，以完成学校任务。随着不良习惯和思想的进一步改善，教师和学生也就会慢慢地养出主动探索文化、选择文化和传播文化的态度了。

在学生的学这一方面，在新课程理念下，我们要打造的就是一种以学生为主体的课堂，在这个课堂中，学生不再是被动接受知识的个体，而是需要主动发现、探索和分析的学习的主人。但是，中学阶段的学生生活经验不足，加之他们中独生子女占有一定比例，很多家长也不舍得或没有耐心让自己的孩子做一些学习之外的实践事情，因此，作为教师，就可以合理借助综合实践活动课程，如通过辩论赛、阅读活动和课外素材收集等方法，让学生走出课堂，在班级以外得到知识的锻炼、文化的培养和学习方式的完善。

3. 借助实践活动，重塑师生关系

在传统教学过程中，师道尊严理念一直占据上风，而中学阶段的学生叛逆心理比较严重，在此阶段的教学中，这种教师和学生地位的不平等，可能会引发学生对教师的抗拒心理，而利用综合实践活动课程就能很好地借助活动重塑师生关系。以中学语文学科为例，在语文生活中包含着人、事和物，其中人是学习讨论的关键点，为更好地帮助学生认识人、理解人，唤起学生的人格意识，我们可以利用综合实践活动课程的优点，通过采访活动，带领学生走出校园，采访一下当地的人。

如在实际教学中，笔者认识到阅历就是魅力，但是中学生最缺乏的就是阅历，那么谁最有阅历呢？在每个地方都会有那么一群人，他们历经岁月的洗礼，他们本身就是一段历史，他们就是百岁老人，于是，笔者就在综合实践活动课程中与学生共同设计并开展采访方案。在设计中，笔者走入学生群体，通过与学生共同讨论，拟定采访问题和采访对象，以此建立平等的师生关系；然后与学生一起就采访对象和问题进行访问，在访问中，每个学生包括笔者自己都有所感悟、有所交流，在这种和谐的交流中，也就自然而然地树立了融洽的师生关系。

在这样的过程中，学生不仅能学习到采访对象的智慧和经验，而且还能切实认识到老师也是他们中的一员，和他们是平等的，以此让学生在得到更好、更完善的道德知识学习和人生知识学习的同时，通过对教师和活动的热爱，进而加深对课程的热爱。

三、结语

总之，在新课程理念下，教育的重点逐渐由知识传授转向为道德和能力的培养，基于此，综合实践活动应运而生，在学校教育中，综合实践活动的使用转变了传统的教学方式，其不仅能更好地突出学校及地方的传统文化特色，还有利于学生实践能力及思维能力等多项能力的培养。同时，在中学教学中，学校文化建设的作用也日益凸显，因此，作为一名教师，我们应该认识到综合实践活动课程与学校文化建设的基本概念及其关系，并合理利用这两者之间的关系，以促进学生更好发展。

参考文献：

［1］洪世松，王小明.聚焦个性发展 绽放多彩青春——综合实践活动课程助学生全面发展［J］.中小学信息技术教育，2018（4）：23-25.

［2］李臣之，纪海吉，张利纯.综合实践活动课程内容校本建构：地方文化融入视角［J］.课程·教材·教法，2018（11）：72-78.

［3］张瑾颖.构建课程体系 强化文化育人［C］.国家教师科研专项基金科研成果2018（二），2018.

综合实践活动对班级文化建设的促进作用

一、班级文化的概述

什么是班级文化？相邻的两个班，也会有不同的文化吗？

班级文化可以理解为一个班的学生面临问题、任务、挑战时表现出来的思维、行动习惯。对同一项任务，如庆祝六一儿童节黑板报评比，有的班级很快完成任务，有的班级则牢骚满腹，由此就可以看出两个班级内在的文化差异。

教育部在《教育部关于大力加强中小学校园文化建设的通知》中明确指出：校园文化是学校教育的重要组成部分，是全面育人不可或缺的重要环节，是展现校长教育理念、学校特色的重要平台，是规范办学的重要体现。班级文化是校园文化的组成部分，如何有效进行班级文化建设，并让班级文化对本班学生产生积极的影响，是每个班主任应该思考的问题。

二、综合实践课程对班级文化建设的促进作用

综合实践活动是从学生的真实生活和发展需要出发，从生活情境中发现问题，将之转化为活动主题，通过探究、服务、制作和体验等方式，培养学生综合素质的跨学科实践性课程。在实践过程中我们发现，以班团队为主体开展综合实践活动，对建设班级文化有着积极意义。

那么，综合实践课程是如何促进班级文化建设的呢？

1. 提升了学生的自信心，为班级文化建设培养了人才

综合实践活动与学生的生活紧密相连，为学生搭建了培养特长的平台，提升了学生的自信心。班级中有一批身怀特长的学生，班中的事情就好办得多。同在一个年级，每逢节日，六（1）班的王老师就觉得苦恼，因为学校要举行文艺会演和进行黑板报评比等一系列活动，而班中学生没有艺术细胞，排练的节目总是选不上，黑板报评比经常在年级排名末位。相反，六（2）班的刘老师就忙得很开心，因为刘老师平时注重组织学生开展综合实践活动，班里有几个学生爱唱歌，刘老师就推荐他们参加学校合唱队，学校合唱队里高、中、低几个声部都有六（2）班的学生。这几个学生参加了学校合唱队的训练，回到班里又组建班级的合唱兴趣小组，利用课余时间开展训练。有几个喜欢音乐但嗓音条件不太好的学生，刘老师鼓励他们学习葫芦丝。这样，当学校挑选元旦文艺会演的节目时，六（2）班的小组唱加葫芦丝伴奏在选拔中脱颖而出，最后还被评为一等奖。

通过以上对比，我们不难发现，通过综合实践活动，学生发展了自己的特长，提高了自信。当班级里有了一批有特长的学生时，建设班级文化就有了坚实的基础。当然，这要求教师具有一双发现的眼睛，并做到对学生多鼓励、多引导才行。

2. 增强了学生的集体荣誉感，形成了自觉为班级做奉献的文化氛围

不管成年人还是小孩，内心都渴望受到重视。受重视，是学生成长的心理需要，而来自团队成员内部的认可，最能满足学生受重视的心理需求。综合实践活动多以小组、班级的形式进行，在活动过程中，学生为探究一个问题、完成一项任务，需集体配合、群策群力。为了实现目标，学生之间会有合作、争议、妥协……在这个过程中，组员之间的关系会更加紧密，集体荣誉感得到增强。如在五年级举行的班际足球赛中，为了帮助本班球队取得好成绩，五（3）班全体学生都积极行动起来，他们分成几个小组：球队成员每天积极投入训练；后勤组成员负责打扫班级教室、卫生区，让球队有更多时间全身心投入训练，比赛时为球队准备毛巾、饮料；宣传组成员设计了队旗、队徽，将球队训练和比赛的照片做成美篇发送到班级家长微信群；学习好的学生负责给球队队员抄写笔记、补课……每一场比赛，都牵动着全班学生的心，每名学生都为能为球队做一点事而自豪。比赛的结果有输有赢，但是从班集体建设的角度来看，不管比赛结果如何，五（3）班这个集体都是赢家。因为通过这项活动，学生的集体荣誉感大大增强了。

我们渴望得到重视是普遍现象，但其强烈程度是因人而异和随时间变化的。学生在完成任务后，得到班集体其他成员的认可，受重视的心理得到满足，从而也会更加珍惜、爱护自己的班级，增强了集体荣誉感，自觉为班集体做奉献。在这样的文化氛围中，学生天天受到正能量文化的浸润。

3. 以综合实践活动为载体，打造良好的班级文化

通过综合实践活动，班级培养了人才，形成人人积极为班集体做贡献的氛围，很多以前难以完成的任务，现在做起来也得心应手了。在这样的基础上进行班级文化建设，面对的将是非常广阔的发展空间。

学生的创造力是无限的，兴趣爱好相近的学生在一起，往往能做出很多老师意想不到的事情，给学校带来惊喜。如学校要求各班建设个性化教室，一些班主任为这事很是苦恼，认为每个教室都是两个门、四面墙、四个窗，还能建设出什么个性来？但是对于经常开展综合实践活动、喜欢挑战的学生来说，这无疑是一次施展才华的机会。"野外摘来一朵花，我把春天带回家！"一个班的学生受到这句话的启发，萌生了画春天、把春天种在教室里的想法。他们将五谷杂粮的种子固定在小块的木板上，摆成非常有立体感的"种子画"，细心地给种子滴水，照顾到种子发芽、长叶，使整个教室都春意盎然了，这让每一个走进教室的人感叹：为学生的创意感叹，为这个班的文化底蕴感叹！

学生是校园里最美的风景，学生的综合实践活动，是校园文化的亮

点，是校园文化的名片。教育将面临改革开放以来最深刻的变革。高考多元、自主招生的模式，对高中和义务教育阶段的教育教学工作提出了新的要求。教育部发布的《关于普通高中学业水平考试的实施意见》和《关于加强和改进普通高中学生综合素质评价的意见》明确指出，综合素质评价内容包括思想品德、学业水平、身心健康、艺术素养和社会实践5项。义务教育阶段，学校开展综合实践活动，非常有利于提升学生的综合素质。综合实践活动是学生自我发展的平台，学校宜结合本校师资情况，因地制宜，因时制宜，因人制宜，指导学生开展丰富多彩的活动，让学生在综合实践活动中发展自己的特长，彰显自己的个性，成为班级文化的建设者，成为学校文化乃至中华文化的传承者。

参考文献：

［1］休·麦凯.欲望心理学［M］.王莹，译.北京：中国友谊出版社，2012：9.

［2］荣开明."文化自信"的独特作用和重大意义［N］.光明日报，2018-09-14.

综合实践活动对中学生语文
核心素养发展的促进作用

　　《语文课程标准》指出："语文是实践性很强的课程，应着重培养学生的语文实践能力，而培养这种能力的主要途径也应是语文实践。"而综合实践活动正是语文学科教学与实践的一种创新展现形式，是"新课改"的一种突破，改变了以往以教室为主要教学场所的不足，打破了语文教学以灌输知识为主要教学方法的传统思维定式，对于培养学生通过自主、合作、探究的方式来实现个体语言经验发展过程中的语言建构与运用、思维发展与提升、审美鉴赏与创造、文化传承与理解有着重要的意义，对于培养中学生的语文核心素养有着积极的推动作用。

一、综合活动实践引导学生从"学语文"到"用语文"

　　从语文的定义我们可以得知，语文是以教授学生学习和运用国家语言文字为主要任务的一个科目，也就是说，语文课程不仅仅是教授学生语言文字知识，更为重要的是学生能够活学活用，即引导学生从"学语文"到"用语文"的一个过程，链接这个过程的最好的载体莫过于结合学生实际的实践活动，并通过实践活动让学生在现实生活中历练语言文字应用能力。如"我是小小调查员"活动，动员学生到街道上寻找错别字，发现问题、解决问题；如寒假期间可以开展"我为社区写对联"活动，让学生走进社区、深入基层，用所学知识服务社会；如"我来筹备建党100周年庆祝庆典"活动，让学生自己组织活动，组织人员参赛、安排场地、制定评分标准……筹备整个活动过程，一方面可以培养学生对党的热爱之情，另一方面可以培养学生的责任与担当意识。这些实践活动实现了语文课程从课内向课外拓展、从室内向室外延伸、从吸取知识到输出知识的良好过渡，锻炼了学生运用知识的能力。语文实践活动巩固了学生的语文核心素养。

二、综合实践活动培养学生从"单一能力"到"多元能力"

新课标规定，语文课程应特别关注对学生听、说、读、写及思维发展方面的影响。但在语文教学过程中，很难同时培养学生多个层面的能力，在一般情况下，一堂课会集中培养学生其中一个方面的能力和素质，多个层面能力的培养要经历长时间的锻炼和学习。而综合实践活动打破了这个瓶颈，可以充分体现学生是知识传授主体和自主发展的主体，可以实现学生综合素质提升的成效。如学习《桃花源记》时，可以开展"当我们遇到困难时，是勇敢地面对还是找一个世外桃源隐居？"辩论赛；如学习《愚公移山》时，可以向学生提出"遇到困难时，是选择安逸还是挑战困难？"并以此为题开展一次辩论赛；如在学习《有的人》后，可以以小组为单位对两种不同的生活态度和人生观展开讨论，道理越辩越明；如在学习《最可爱的人》后，引导学生挖掘社会上各行各业的典型人物和典型事迹，特别是最近疫情防控战线上的先进人物，为他们写一篇推荐词或颁奖词；如在学习《林黛玉进贾府》后，引导学生通过对文本中人物细节描写的技巧的分析，为班里的同学写一篇出场语。综合实践活动，不仅能够帮助学生加深对于教材文本的理解，更为重要的是能够多方面、多层次地提升学生听说读写的能力和口语交际能力，改变传统学习过程中学生单一地进行知识接受性的教学或活动方式，强调通过深入实践，引导学生勤于思考、善于挖掘，构建一种积极的、自主合作探究式的学习方式，以更加科学的方式方法来解决日常生活中的困难，从而提升语文核心素养。

三、综合实践活动实现学生从"智育"到"美育"的转变

在2018年召开的全国教育大会上，教育部部长强调要扭转重智育、轻美育的局面。美育即培养学生对美的感受、欣赏、鉴别。美育需要有一定的知识基础，有赖于智育的发展，学生在审美实践中，开阔了眼界，丰富了涵养，拓展了知识，提升了观察力、想象力和思维能力，更可以促进智力的发展。所以，美育与智育相辅相成、相互促进，智育是美育的基础，美育是智育的更高层次。如：举办"中国共产党百年华诞"演讲比赛，学习革命志士抛头颅、洒热血的精神，学生从中感受爱国主义是美的这一内涵；组织学生开展红歌合唱比赛，不仅让学生感受到音乐的韵律美，感受到团结合作的美，更让学生感受到青春奋斗之美；组织篮球、足球或者跳绳比赛，不仅可以锻炼学生的身体素质、丰富学生体育技能知识，而且可以发现运动之美、为集体争得荣誉的责任美和场外观众的参与美；鼓励学生暑期参加志愿者，在志愿服务中体验对社会的贡献美和担当美，如此种种。学生参与实践的机会越多，积累的知识越丰富，而智力发展的就越快，对美的理解和感受也就越深刻，真正实现知识从外化于行到内化于心的思想性的、更深层次的转变。

四、综合实践活动进一步提升语文课程"工具性"与"人文性"的统一

工具性与人文性是语文课程的基本特点。在语文教学过程中，要摒弃重工具性而轻人文性的弊端，所以，我们可以看到越来越多的语文教师将综合实践活动引入自己的课堂，以期将人文性的展现达到最大成效。如：在学习《今生今世的证据》时，让学生回忆和讨论儿时的记忆，并将儿时的记忆以图画的形式作为凭证展现出来，这样很容易就把这篇"晦涩难

懂"的文章读深读透了，不仅如此，学生通过回忆，得出珍惜当下的思想境界；话剧社团在《雷雨》演绎过程中，融入演和评两个环节，通过读、演、评、创等实践活动，建立以探究与合作、亲身实践与理解、分享与点评为特征的新型学习方式，让学生树立正确的"情感、态度与价值观"，加深对作品的独立理解与领悟，从而掌握作品的内涵；书法兴趣小组在举办庆祝建党100周年书画展过程中，进行书写内容、作品挑选、展出板块安排、组织各个班学生有序参展、写观后感等一系列活动，安排学生撰写引导、讲解词，帮助学生体验传统书画的精妙。如果不是通过综合实践活动的体验，学生是很难有这样深刻的、发自内心的感慨的。这种将传统课堂转变为"静态"与"动态"结合的课堂的教学方式，可以进一步提升语文课堂生命力的持久性。

五、语文综合实践活动的实施策略

1. 强化综合实践活动的本位性

语文综合实践活动的目标是培养和提升学生的核心素养，语文综合实践活动的培养对象是学生，所以，在设计和开展综合实践活动时首先要坚持"以人为本"的原则，即从学生实际需求出发，强调针对性和特色化。如："巧用零用钱""保护我们的眼睛""游戏有规则"等实践活动对于中学生来说显得简单而幼稚，不仅起不到锻炼的作用，还会使学生学习态度发生不利变化；而"中国百年大变局之辩论赛"对于中学生来说又显得离生活比较远，由于难度太大而不深入，同样起不到锻炼的作用。所以，太难或太过简单的综合实践活动主题都起不到应有的作用，只有适合学生年龄阶段和心理特点的实践活动才能起到事半功倍的作用。又因实践活动不同于以传授知识为主的课内课堂，同时要体现趣味性，引导学生从被动参与到主动参与，从完成任务到思考创新。如在开展语文综合实践活动"成语通关"中，不仅要求学生能够理解成语的含义，还会从中设计成语对对碰、成语接力棒等游戏环节，让实践活动活起来，真正为生活服务，真正起到理解并升华的作用。

2. 强化综合实践活动的融合性

综合实践活动中的"综合"表明，要提升的学生能力是多层次的，而非单一性的，这就要求在设计综合实践活动时，着重培养中学生的语文核心素养，重视语文课程工具性与人文性的统一，融合新课标要求的听、说、读、写能力和思维发展能力，特别是要在表达能力、写作能力、分析能力和解决问题能力等诸多方面取得突破，所以综合实践活动的设计和实施应该注重多种能力的锻炼和提升的融合性。这就要求任课教师在引导学生参与综合实践活动的过程中，坚持理论与实践相结合。语文文本所学知识对实践活动起到指导作用，而实践活动又是对语文文本理解的延伸和拓展，理论与实践相互融合、相互提升。如：围绕"中国共产党百年华诞"这一主题，可以将中华优秀传统文化、革命文化和社会主义先进文化与中学语文综合实践活动有效融合，通过开展"红色研学"，传承红色基因，培养学生的爱国主义精神；很多学校开始探索线上课堂方式，可以采取"视频+"的方式，开展"视频+教学""视频+讨论""视频+辩论"活动，通过网络连接，将课堂教学与语文综合实践活动有效融合，同样可以起到培养学生核心素养的作用，特别是信息素养的提升。同时，还可以探索随时随地"学语文+用语文"的新渠道，使语文教学更具活力，更加贴近学生生活。所以，要想更加有效地开展语文综合实践活动，教师应不断加强学习，深入研究，并根据时代要求进行积极有效的探索。

3. 强化综合实践活动的引领性

中学语文课程不仅承担着中国语言文字学习和应用的任务，而且对于培养学生的思想品德、爱国情操和完整人格具有不可替代的作用，这就需要在设计和开展语文综合实践活动中注重学生思想成长的"引领性"，注重综合实践活动实施过程中的过程性评价和结果性评价，提升语文综合实践活动的导向作用，重点在活动开展前引导、在活动实施中指导和在活动结束后教导等方面进行努力，真正让学生在实践活动中学思悟践，让语文课既成为"知识课"又成为"思想课"。如通过开展时事热点评论，要求学生每天关注各网站热点，每天早上安排一名"新闻播报员"，不仅会让学生养成关注时政民生的良好习惯，更重要的是通过"新闻播报员"的转述，加强对社会和生活的体会和认识，提升学生的表达水平，提升学生分析问题和思考问题的能力，进而提高政治站位，可谓一举多得。所以，一位好的老师，其关注点不仅是校园内、课堂中，更要重视走出校园、走进社会，引领学生关注社会、关注人生、关注自然、关注生命，在这种潜移默化、润物无声中有效提升学生的思想水平。

综上所述，在开展中学语文综合实践活动中，应以"立德树人"为教育目标，坚持"以人为本"的教育原则，以培养中学生语文核心素养为核心，注重品牌活动的凝练，顺应时代发展的要求，重视多元化教学模式的拓展，在强化综合实践活动的本位性、融合性和引领性等方面不断探索和研究，以促进语文综合实践活动的持续发展和创新驱动，进而实现"为党育人、为国育才"的宏伟目标，为培养德智体美劳全面发展的新时代新人而不懈努力。

参考文献：

［1］邵春瑾.综合实践活动课程核心素养与评价探析［J］.科技创新导报，2017（3）：205.

［2］李宝敏.中小学综合实践活动课程的目标指向：核心素养发展［J］.中小学管理，2017（2）：8.

［本论文系广东省2020年度中小学教师教育科研能力提升计划（强师工程）项目立项课题"以综合实践活动为载体提升学生语文核心素养的行动研究"研究成果之一。课题编号为2020YQJK361。］

小学五、六年级口语交际课堂教学研究

一、五、六年级口语交际课堂教学存在问题的原因

经过有关学者长时间的调查和研究发现，我国有相当一部分小学生，其口语交际的能力比较差，不能够达到新课标的相关要求。想要解决这些问题，必须查明问题所在，从而有针对性地提出措施。

1. 对口语交际缺乏重视

对于小学阶段的学生，尤其是五年级以及六年级的学生而言，他们已经或者即将进入青春期，在心理以及身体上都出现了一定的变化，部分学生在这个阶段就已经具备了比较成熟的思考能力，但是绝大多数学生在这个阶段，很多想法和看法仍然是不成熟的，尤其是性格，也是处在变化的关键阶段。因此，很多学生对于学校推出的口语交际教学，没有给予足够的重视，认为口语交际教学并不重要，这就使得学校进行的口语交际教学失去了应有的作用。

2. 没有提升口语交际水平学习方法的意识

在当下很多学校布置的口语交际课程之中，最多采用的教学形式就是小组讨论，但是在进行小组讨论之前，教师没有对学生进行足够的引导，从而让学生漫无目的地进行讨论，这种讨论显然是不具有任何效果的。在这种情况下，有的教师认为这体现了学生自主性，没有认识到该种情况存在的问题，从而使得这种错误局面迟迟得不到

改变。

口语交际教学并不是一项简单的工作，而是具有系统性以及复杂性的工作，因此单纯的让学生发挥自主性，显然是不能够达到新课标对于口语交际教学的相关要求。因此教师必须对学生进行充分的引导，让学生学会如何进行高效的讨论，并且让讨论行为有所斩获，不能为了讨论而讨论，而是要将小组讨论作为手段，最终以提高口语交际能力为目的。

二、改善五、六年级口语交际课堂教学问题的建议

1. 明确口语交际素养的重要性，克服学习的随意性

进行口语交际教学，重要的是教会学生如何进行表达与交流，并且让学生认识到进行口语交际的重要性，从而引导学生对口语交际的重视，了解社交能力对于自身未来发展的作用，还能够帮助学生建立起充足的逻辑思维能力。

学生如果能够从五、六年级就开始培养口语交际能力，那么就能够养成正确的口语习惯，并且在未来的学习以及生活之中更加游刃有余地进行社交活动，这对于学生的健康成长具有十分重要的作用。目前，学生获取信息的途径一般可以分为两个方面：一个方面是在课堂之上，学生可以通过教师授课以及观看多媒体教学等方式进行信息的获取；一个方面是在课外，在课外有多种多样的信息获取方式，如家庭、电影和手机APP等。所以对于学生而言，提升口语交际能力，就能够更加快速以及准确地进行信息的获取，并且更容易从大量信息之中提取对自身有帮助的信息。

2. 科学地确定教学内容和方向

（1）倾听

倾听，是所有人必须学会的一项技能，其中包括辨识、记忆和理解等多个过程，它并不是在生物层面上简单地进行大脑识别的生理反应，而是

一个人思维能力以及智慧能力的体现。

人们在进行口语交际的过程之中，不能仅仅看到或者听到信息，而且还需要对获取的信息进行后期的识别与处理，所以不同方式的识别与处理，将会产生截然不同的效果。众所周知，中华语言文化博大精深，很多语句与词汇在不同的语言环境之下存在着不同的意义，因此教师在进行口语交际的教学时，首先就要教会学生如何去正确的倾听，以及如何对信息进行正确的处理，如不打断别人讲话、客观地对待他人的意见等。

（2）表达

语言是思维的载体，任何语言都应该是思考之后的结果，表达不是"想都不想就说"。口语交际活动中的表达应该是先经过思考，打一个"腹稿"，然后通过语音的形式表达出来。做到了这一点，在交际过程中才有可能避免说话冗长无重点、用词不恰当或者逻辑混乱的状况。

表达不是简单的发音器官机械运动的过程，表达的关键是思维的参与。只有经过思考之后再表达，或者边快速思考边表达，才有可能清晰、有条理地表明自己的观点，让听者更容易理解自己，从而达到交际的目的。而在辩论中的表达要求表述严谨、立场明确且带有极强的说服意味，同时还应注意要中心突出。而在活动策划类口语交际训练活动中，对表达的严谨程度的要求没有在辩论中的要求那么高，交际氛围相对轻松，在表达的过程中只要流利把自己的想法说清楚就可以了。

三、结语

口语交际能力是当代学生应具备的能力之一，并且是非常重要且有意义的能力，让学生正确地掌握口语交际能力，是小学教学的必然任务。五、六年级的学生，他们正处于人生的重要时期，因此，必须进行足够的口语交际教学，这样才能为学生未来的发展打下坚实的基础。

参考文献：

［1］闫淑慧，徐林祥.口语交际课程的实践性及其实现［J］.赣南师范学院学报，2016（9）：121-124.

［2］高志彪.贴近生活实际感受艺术魅力——六年级上册《口语交际·习作八》教学建议［J］.云南教育，2011（11）：32-33.

优化写作课堂，渗透核心素养

——论初中语文写作教学价值升级路径

语文写作教学是初中语文课堂教学的重要组成部分，它着重于学生语言文字运用能力及其检查，旨在培养学生的语文核心素养能力。统编初中语文教材写作版块根据2017《义务教育语文课程标准》，要求语言文字"文从字顺"，制定明确的写作目标版块与读写同步的编排体例，为语文核心素养做出较好的硬件设计。初中语文写作教学以学生品读文字与写好文字为核心要素，更应从课程主题单元出发，从课文具象出发，围绕阅读与写作逻辑编排，读写结合，双线并立，全面推进，有效降低写作教学中的随意性与盲目性，以提纲挈领地帮助学生提升写作能力。

一、精准定位统编教材，把握写作核心要素

1. 读写结合充分把握教材

统编初中语文教材写作部分遵循学生认知规律，每册教材配备六个写作专题，不同专题与单元学习内容相契合，围绕每个单元课文阅读教学材料进行写作训练，并以此为写作点让学生展开合理的练习。统编初中语文教材写作部分教学学习体验点初步设立如下。

七年级上学期：热爱生活，热爱写作，学会记事写人，抓住重点，突出中心，联想与想象。

七年级下学期：写出人物的精神， 学习抒情，着重细节，合理选材，文从字顺，语言简明。

八年级上学期：新闻写作，学写人物小传，写景状物，语言描写连贯，说明事物抓住特征，表达合适。

八年级下学期：学习仿写，说明文字表达顺序，尝试写游记和小故事。

九年级上学期：独立创作表达主要观点，尝试写议论文言之有据，论证要合理，并尝试改写。

九年级下学期：论述需集中审题立意，学会文章布局谋篇，选择合适的表达方式，并创意表达出来。

依托教材开展教读课文，让学生在文章阅读过程中掌握写作技巧。如《从百草园到三味书屋》，教师让学生采取仿写的方式训练学生自身的语言运用能力，因为本篇文章中含有大量优秀文学句子。如《济南的冬天》，教师让学生课后思考，作者如何通过景物描写展现济南冬天的特点，尝试让学生用自己的语言表达出来。

2. 阶梯式螺旋式教学目标

统编初中语文教材写作部分语文核心素养梳理，需要重新建构语文写作知识体系，较为理想的是将《义务教育语文课程标准》的注重文体、写作过程、写作知识等三个教学目标建构在一起，从而符合初中学生身心发展特点，并循序渐进地给予引导。根据教材安排，随着教学的不断推进与阅读内容质量的提高，除了具体要求，七年级注重基础写作能力把控，八年级注重专项写作训练，九年级注重写作能力提升训练。还可以从专题内容文本上对记叙文、说明文、议论文或从仿写、缩写、改写等方面加以训练。从培养学生兴趣到习惯养成，从七年级开始培养学生热爱写作的良好品质。

3. 贴近学生教材安排

聚焦初中语文写作教学。统编初中语文教材写作部分包括导语短文与写作实践两个部分，导语部分为短文，针对每次写作训练技巧，如七年级上学期的写作版块就是"热爱生活，热爱写作"，让学生尝试根据身边最熟悉的事物写出自己最想写出的情感与想法，不要设置写作范围与框架。学生这样写起来就会相对放松，写作这件事就会不是很难。这样开篇导语不一定如何高深，但会让人倍感亲切，教师可以让学生尝试观察生活，比如爸爸每天早上起来做的第一件事，妈妈每天在忙碌什么，如何安排好全家的生活，学生在整个校园或是在某个角落里。

二、当前初中语文教学写作现状

在当前初中语文写作教学中还存在一定问题，让不少师生畏惧犯难。具体表现在以下几个方面。

1. 写作教学形式单一

教师在教学作文指导课程中仍然采用教师讲授、学生接受的教学模式。教师对其中的讲授重点进行具体分析，没有充分挖掘学生兴趣点，学生在被动中接受作文指导，整个教学过程枯燥乏味，学生无法感受写作带给他们的快乐，甚至失去了写作的欲望。比如在教学过程中，教师往往采用模仿优秀范例或是背诵优秀课文的形式，降低了学生学习兴趣。

2. 忽视审美情感教育

"语文教学培养学生人文情怀，把学生培养成具有丰沛感情的人"。初中阶段是学生个性形成的关键阶段，学生自我意识强烈同时情绪不稳定，审美与情感如果无法得到满足就会出现负面情绪。如果写作课堂忽视了学生真正的内心需求，学生就难以产生情感上的共鸣，写出的文章缺乏真情实感。而统编初中语文教材围绕立德树人而展开，更加侧重学生语文核心素养，重视学生对优秀传统文化的理解与传承。同时，写作教学为学生审美情感教育与传承文化搭建了有效的平台。

3. 要提高学生的能力

当前对学生写作能力的培养呈现一种浅层次，如识记能力培养只是记住一些片段和积累一些优秀的词汇，学生在实际运用过程中也只是生搬硬套，这种机械性训练方法无法提升学生自身的创造能力。

语文核心素养的培养应重视学生高阶思维能力、语言文化运用能力的培养、只有将初中写作教学目标定位于此，才能综合培养学生的写作能力。

三、基于语文核心素养的初中语文写作教学策略

1. 提升学生语言文字运用能力

学生需要具备语言能力是语文写作的基础，这种能力包括语言分析能力和语言理解能力等，这些能力培养在短时间内无法形成。而学生语言文字积累与运用是提升写作能力的基础，正如王宁先生指出："语言文字能力建构一方面是为了表达人自身思想，按照自我语言表达习惯，用词汇构成句子，句子构成段落与篇章。"教师在教学中可以借助批注形式，让学生尝试摘抄优秀的名家诗句，从而在写作中加以引用。如积累经典字句结构"不必说……也不必说……但是"这个句式，注意描写，并结合《从百草园到三味书屋》写景状物描写特性，让景物描写有的放矢，此时仿写成为学生可借鉴的工具，当学生运用自如之时，再具体运用于写景、叙事和议论中，从而有效突破某个描写的方向。

2. 以读促写加强学生语文核心素养积累

阅读是个体认知外界最有效的途径之一，而写作是个体向外界传递思想的最佳途径。因此读写结合是相辅相成的，如何有效将读写结合教学策略传递给学生？阅读与写作可谓相辅相成，那么如何做到有效读写结合教学策略，完成初中语文写作教学？初中语文教学中，记叙文占有非常大的比例，在记叙文学习与写作中，需要做到以下几点。

（1）品读标题，明确课文立意。一篇文章拥有一个好的文章标题，那这篇文章就成功了一半。而在实际文章教学中，大部分学生是不善于给文章立题的，教师在开展读写结合时，可以尝试让学生自我立题，并对学生的各自拟题进行互评。教师可在学习群发布示例课文，如统编七年级上学期林海音的《窃读记》，标题中的"窃读"二字，不仅引人思考，还能激发读者好奇心，同时又能贯穿全文，展现出一个贫困女

学生如饥似渴在书店看书的形象。学生可在群里发言，有的学生说"寻读记"，还有的学生说"窃读记"最好。

（2）品读鉴赏，谈谈课文。不论作者是想表达思想感情还是进行人物形象描写都需要运用语言表达出来，教师要引导学生细细品读文章语言，以朱自清的《春》为例，教师就要展开语言品读教学。教师可在学习群向学生展示以下优美句子。

盼望着、盼望着，东风来了，春天的脚步近了。

扩展：句子充分运用拟人的手法，展现出作者富有童趣的一面，连用两个"盼望着"进一步加深作者的情感，尤其是将一种期待的神情展现得淋漓尽致。读者仿佛借用作者视角看到春天将要来临。

初中统编教材采用仿写形式来拓展学生语言建构，可以充分激发学生的想象力。

仿写：春天的雨是细密温柔，像是情人之间窃窃私语，又像是牧童站在山坡上吹着短笛，忽远忽近，朦朦胧胧，若有若无。

（3）专题写作训练。专题写作训练是借助几篇相似课文在完成群文阅读之后，教师采取合适的方法有目的、有计划、有针对性地对课文进行知识性回顾与梳理，最后对这些阅读开展一次主题写作训练，引导学生将所学的知识外化成自身写作实践。如《窃读记》《再塑生命的人》《老王》《阿长与山海经》等课文。教师可以选取每一篇课文中最为经典的片段供学生品读，开展群文阅读体验，即围绕一个核心词，选取材料，捕捉真实细节，体现真情实感。在这些材料中，哪些创作能激发你内心的共鸣？这些材料与细节刻画有什么相似点？接下来，教师向学生展示相关材料，让学生分组进行训练，尝试写一些身边的人或事，注意文字表达清晰，材料选择恰当，抒发自我真情实感。写完后，学生之间互相点评。

3. 基于语文核心素养拓展写作教学资源

初中学生自身智力有着飞跃性发展，单一的写作资源已不能满足学生自身多元化的发展。根据新课标，语文教师需要重视开发与利用教学资源，需要借助多方面资源来展现语文核心要素。首先，需要确立初中语文教材承载的立德树人目标，在写作教学中，找准教学点，解读课文中的文化价值，让学生在具体课文中获得文化熏陶，提升语文核心素养。如《散步》这篇课文蕴含民族哲理，体现出一种尊老爱幼的中华民族美德。其次，教师还可以借助新媒体为学生提供相关图片与视频，教师可以在学习群为学生提供新的影像，从而为初中语文写作注入新活力。新媒体资源对学生学习写作有着非常重要的作用，教师可以将一些优秀文章的视频与音频中的独白、台词作为语言元素，学生在熟悉这些表达之后，可以更好地在自我写作中充分表达自己。教师可以在课堂放一些如《手艺》《佳节》等的纪录片并让学生反复观看，从而引导学生深入了解我国传统文化，然后在写作中加入对传统文化的理解。

四、结语

初中语文教师需要积极扮演好自身角色，积极引导学生的写作，通过改变传统教学方式，有效锻炼学生的写作技巧，最终提升学生的写作水平。初中语文教学在统编教材下，迎来全新改革方式，作为初中语文一线教师，要做好写作教学工作，不断开阔学生视野，为学生写作之路奠定基石。

参考文献：

［1］李凤.统编初中语文教材写作部分的特点评述与完善建议［J］.江苏教育（中学教学版），2018（7）：67.

［2］赵新华，赵凤芳.统编初中语文教材课后习题中的写作训练［J］.语文建设，2021（4）：51–54.

［3］舒春燕.部编版初中语文记叙文读写结合教学策略研究——以七年级为例［D］.南昌：江西师范大学，2018.

初中语文阅读教学中
如何提高朗读训练效果

——以《石壕吏》一课为例

以适当的方式朗读文章是学生提高语言能力的基本方式之一。学生对语文教材的朗读是将书面上的文字转化成自己的口语表达，这对学生的交流能力也有一定程度的促进作用。因此，教师要在课堂上让学生以不同方式进行朗读训练，提高朗读训练的效果。

一、初中语文朗读训练的重要性

1. 朗读训练能提高学生的语言能力

朗读训练是一项比较具有综合性特点的教学活动，表面看似简单，其实细节很多。初中阶段的学生记忆力普遍不错，在这个阶段不断地强化朗读技巧，既能让学生感受到语文和语言的魅力，还能使学生熟悉语言的表达方式，这对学生以后的成长意义是非常大的。朗读可以提高说话的语感，语感其实就蕴含在平时说话之中，拥有良好的语感，自然会使日常表达更加顺畅。因此，高效的朗读训练是获得良好语感最直接的方法。

2. 朗读训练能提高学生的思维及审美能力

指导学生进行朗读并不仅仅是让学生练习发音，而是要在整个朗读过程中升华个人对文章的情感。教师可以通过朗读训练学生的思维能力，锻炼学生的判断理解能力。初中阶段是学生心理快速成长的阶段，在这个阶段进行逻辑思维的培养是非常重要的。

3. 朗读训练能帮助学生形成良好的核心素养

朗读可以从不同方面培养学生的思维方式。在阅读教学过程中，学生可以透过纸张去看世界，了解世界上不同地区人们的生活方式和行为习惯。例如，《半截蜡烛》这篇文章描述了法国一个普通家庭的母亲和她的女儿、儿子为了保护半截蜡烛中的信息，与三个德国人巧妙周旋的故事，向读者展示了一场没有硝烟的紧张激烈的斗争。通过阅读这篇文章，学生不仅可以了解到当时法国和德国的关系背景，拓展知识面，还可以激发爱国情感。

4. 朗读训练有利于引起学生情感共鸣，培养健全人格

在一般情况下，一些学生注重学习成绩的提升，忽视情商的培养。不同形式的朗读，可以让学生内心产生情感的波动，加深对文章的理解，实现情感的升华，提高自身素养。世界观、人生观、价值观是通过对事物的感悟和产生情感的共鸣而形成的。朗读有助于实现情感的升华，促使学生的三观发生改变，这就是朗读的意义所在。

二、初中语文阅读教学中提升朗读训练效果的途径

1. 了解作者生平及时代背景，理解作品中人物的情感

要读好一篇作品，首先要理解作品。要理解作品，就要了解作者及其所处的时代背景。离开特定的时代背景，是难以深入了解作者及其作品的。例如，在朗读杜甫的《石壕吏》这首诗时，如果不了解杜甫的生平，不了解杜甫忧国忧民的情怀，不了解安史之乱对当时的国家产生的巨大冲击和对百姓造成的巨大灾难，是很难体会这首诗内在的复杂情感的。了解了作者、时代背景，就为理解作品夯实了基础，为朗读训练夯实了基础。

2. 理解作品的情境

如果说作者生平、时代背景是个大环境，那么作品的情境就是一个小环境，这个小环境对朗读训练至关重要。如《石壕吏》的第一句"暮投石壕村"仅仅5个字，就交代了故事发生的时间、地点、事件。怎样才能有感情地读好这两句诗？在读之前，我们应该设想出这样的情境：杜甫一个人在赶路。战乱时期，路上更不安全，杜甫应该早早就想找客栈歇脚，但兵荒马乱的年月，百姓死的死，逃的逃，哪里还能找到客栈？路过很多村庄，都见不到一个人。直到天快黑了，才在石壕村找到一户人家落脚。这时的杜甫，应该是饿得前胸贴后背、累得快虚脱了，能找到一个地方过夜，简直喜出望外。所以，"暮投石壕村"这几个字，应慢慢地读出累、饿、慌、喜的情感变化。

随着故事的发展和人物的出场，情境也是不断地变化的。情境不断地变化，朗读的情感、节奏、轻重也要随着变化。我们在进行朗读训练时，要提醒学生注意这一点。例如，在朗读"老翁逾墙走，老妇出门看"这两句时，要引导学生理解人物的心理：官吏应该是经常到村里来抓人，白天来，抓不到，村民都戒备着。突然夜里来抓人，这家人被打个措手不及，老翁顾不上家人，翻墙逃命，既狼狈又可怜，所以"老翁逾墙走"这句要读得快点，慢了就跑不掉了，而"老妇出门看"这句要尽量读得慢些，更慢些。为什么？因为老妇要为老翁逃走多争取点时间。

3. 采用互动式教学方式

在初中语文阅读教学过程中，教师作为指导者不能总是有意无意地把自己置身于高高在上的位置，必须积极参与到学生群体之中。只有与学生一起阅读，才能真正发现学生阅读中的问题，为下一次阅读教学做好准备。在阅读教学中采取互动式教学方式，有助于培养学生主动与教师探讨问题的能力，有利于学会主动表达自己的想法。例如，在讨论安史之乱给百姓带来的苦难时，学生小刚说："《石壕吏》一文中，所有的人都是战乱的受害者。"有学生不同意这种说法，认为抓人的"吏"不属于受害者，是加害者。小刚进一步阐明自己的见解："这些官吏，夜里跑来抓人，是因为不能完成抓丁的任务，被上司逼得没办法。最后，连老妇人也带一个回去交差，的确让人痛恨，但同时也可以看出他们的压力也不小。是战乱将他们逼得失去了人性。所以说，他们也是战乱的受害者。"小刚的看法，最后得到了大多数学生的认同。

角色扮演是非常有效的互动形式，能让学生快速进入朗读的状态，认真地感悟文章中角色的思想内涵，将心中的感受与文章的人与事结合起来。学生在读的过程中，可以扮演文中的角色，如诗人、官吏、老翁和老妇等。通过角色扮演，学生可认真体会文章中不同人物的情感。

心理学研究表明，单一的阅读形式很容易让学生感到疲倦。因此，教师应根据不同的教学内容和目的要求，有针对性地采用自由读、个别读、小组读、集体读和分角色读等形式来进行互动练习，力求学生百读不厌，每读一次都有新收获。

4. 注重范读

实践证明，教师进行适当、及时的泛读和领读，在朗读训练过程中是不可缺少的。教师在领读时要正确地吐字归音，断句要准确，要有感情地进行发声，带给学生真情实感，让学生领悟到朗读的魅力，让文章的文字活跃于学生脑海中，使学生身在教室，却如身临其境，让学生和教师、作者产生情感上的共鸣。在教师绘声绘色地范读下，没有色彩的书本文字会形成影像呈现在学生的脑海中，学生也会更好地体会作者的情感，很好地把握文章的要点。教师的人生阅历比学生的丰富许多，对作品的理解比学生深刻，因此，教师要充分利用这个优势，引导学生更好地朗读，提高朗读训练的效果。例如，在阅读《石壕吏》后面的"夜久语声绝，如闻泣幽咽"时，学生对"泣幽咽"理解不了。生活在幸福年代的学生，对苦难的理解往往只是与委屈联系在一起，哭的方式多是掉眼泪、哇哇地哭、号啕大哭。"泣幽咽"是怎样的哭？学生还难以理解诗中年轻的妈妈，怀抱尚需哺乳的孩子，面对家破人亡的境况时，那种内心的恐惧、无助、绝望，那种悲痛欲绝。这就需要教师及时进行泛读，为学生做好示范。

5. 开展各种朗读活动

语文教师在培养学生朗读能力的同时，可以用各式各样的朗读活动来提高学生的朗读兴趣。各种有趣的朗读活动，有助于学生更好地接受与吸收知识。学生通过课堂上的交流互动，可以发现自己的不足，认识到自己的问题。教师可以开设朗读角或者组织朗读比赛，以此来调动学生的积极性，让每个学生都参与进来。教师作为连接家庭和学校之间的桥梁，可以同家长合作，让学生在离开学校之后也进行朗读活动。教师要给予学生相关的家庭朗读任务。语文教师要以教育学生为己任，将朗读教学与生活实际相结合，让学生朗读自己感兴趣的内容，激发学生的阅读兴趣，让学生把文章的朗读作为日常生活的一部分，养成良好的朗读习惯。教师应注意每个学生都需要学习机会。每个学生都应该参与培养朗读能力的过程，而不是为加快教学速度，只让个别学生朗读。教师应该给每个学生讲话的机会，对每一个学生的朗读效果进行及时评价和指导，积极引导学生进行朗读训练。语文教师还要利用互联网的优势，紧跟时代步伐，与时俱进，提高训练效果。例如，微信视频就是非常好的训练方式。学生可以将自己的朗读录制下来，放在班级微信群里，展示自己的练习效果，听取其他学生的意见，将课堂学习有效地延伸到网络上。这样，每一个学生都有展示的机会。教师还可以成立朗读综合实践小组，组织有兴趣的学生以小组形式研究朗读的相关问题，提升研究的广度、深度，让学生的朗读能力得到更好的提高。

朗读能力是初中语文教学中比较重要的一部分，而朗读训练也是一项长期且复杂的过程，成效很难一下就显现出来，但这并不意味着教师可以忽视这方面的训练。教师既要保证方法不能太单一，不能让学生学习起来不感兴趣，也不能让教学的方法仅仅停留在表面，朗读教学不能过于呆板。只要找准方向，持之以恒，就能有效提升学生的朗读能力，提升学生的语文核心素养。

参考文献：

［1］于明珠. 初中语文朗读教学初探［J］. 学周刊，2019（23）：94.

［2］王盛军. 浅析初中语文朗读教学的方法［J］. 课程教育研究，2019（26）：136–137.

［3］张莎莎. 初中现代诗歌朗读教学的现存问题与对策研究［D］. 开封：河南大学，2019.

［4］姚如月. 初中语文教师课堂教学语言研究［D］. 开封：河南大学，2019.

［5］程六洲. 初中语文课堂朗读教学语言艺术探析［J］. 基础教育论坛，2019（16）：33–34.

［本文系广东省2020年度中小学教师教育科研能力提升计划（强师工程）项目立项课题"以综合实践活动为载体提升学生语文核心素养的行动研究"（课题编号：020YQJK361）阶段性研究成果。］

学 校 管 理

学校的高效运作，需要方方面面的配合，但归根结底还是需要制度来管人。"富强、民主、文明、和谐、自由、平等、公正、法治、爱国、敬业、诚信、友善"这24字的社会主义核心价值观中，民主的地位举足轻重。学校中的民主如何体现？民主需要制度作为保证。在学校的管理过程中，绩效工资分配方案、评先推优方案和职称评聘方案等，是学校管理的主要框架。把这几个方案制订好了，学校有序运作就有了根本保证。

我先后在两所学校任校长。在A校任校长时，组织全体教师共同制订了学校管理方案。经过几次微调，大家对方案都非常认可。2020年7月，我调到B校任职，由工会牵头，结合学校的实际，全体教职工群策群力，又制订了"B校绩效分配方案""B校年终绩效分配方案"，为新形势下学校的管理夯实了基础。

学校教职工课时（工作）职务津贴实施方案

一、课时量补贴

全校各个工作岗位的设置要符合上级的要求，各个岗位工作量均按标准课时折算。每周以18节标准课时（以下的"节"均指标准课时）为满工作量。

1. 课时量标准

全校教职工必须首先服从学校课务（工作）安排。在此前提下，需做好以下几项工作。

（1）专任教师每周18节为满工作量，班主任每周9节为满工作量，任课老教师（男55周岁以上、女50周岁以上的教师）每周补贴2节。

（2）行政管理人员每周应任以下标准课时为满工作量：正校级2节、副校级3节、中层正职4节、中层副职5节、教务员（政教员）9节。

（3）教辅、总务、后勤人员按上级下达的编制，完成本职工作任务为满工作量。

2. 各学科课时的比例系数

各学科课时的比例系数见表3-1。

表3-1　各学科课时的比例系数

学段		图、音、体、其他	语文	语文	数学英语	数学英语	理、化	政、史、生、地
小学	非毕业班	1	1.2 一、二年级	1.3 三、四、五年级	1.1 一、二、三年级	1.3 四、五年级		
	毕业班	1			1.2	1.4		
初中	非毕业班	1	1.4		1.2	1.4	1.3	1.2
	毕业班	1.1	1.6		1.5		1.4	1.3

说明：

（1）当年中考科目加0.1。

（2）班会课属班主任工作范畴，不另计课时。早读课结合课表由教导处统一安排下班老师，主要由语、英（数）老师和班主任轮值负责，0.25节/天。

（3）自习课、活动类课每课时按0.5节计算。跨学科、跨年级按增加的备课量每节补贴0.5课时，每人每周累计不超过3课时。早操由体育老师轮流负责，每天两人，每人1节/周。

（4）学校安排兼任其他管理工作、专项工作和临时工作的补贴量由校务会议决定。

3. 课时值计算

（1）本项补贴的课时值与全校教职工在聘的专业技术岗位奖励性绩效工资平均值挂钩。

（2）每节标准课时值=7元。

（3）上课量超过18节标准课时值，超出部分按对应标准课时值1.3倍计发（实际任课节数−18节=超课时节数，再乘以1.3）。

（4）高级职称老师有指导青年教师"传帮带"任务的每月补助80元。

二、职务补贴

（1）班主任：中学学生人数不足50人，小学学生人数不足45人，每月补助140元；中学学生人数50人以上（含50人），小学学生人数45人以上（含45人），每月补助160元。期末根据班主任工作考核结果，评一、二、三等奖，奖金分别为300元、200元、100元。

（2）备课组长每月补助20元，学科组长每月补助40元，年级组长每月补助50元，中层领导有下到年级管理工作任务者每月补助50元。

（3）行政管理领导：中层副职每月补助170元，中层正职每月补助180元，副校级每月补助190元，正校级每月补助200元。

（4）教务员、政教员：每月补助150元。

（5）其他职务补贴：安全专干、校医和体育教师等按上级文件规定标准补贴。

三、相关问题的处理

（1）岗位奖励工资的相关考核每月进行一次，于当月兑现：（占绩效奖励工资的70%）；效益奖励工资的相关评定每学期进行一次，分别兑现上半年、下半年的效益奖励工资（占绩效奖励工资的30%）。

（2）教育教学管理奖励（主任、班主任、级组长等的奖励费用）作为效益奖励性工资必须在本部分的工资总额扣除每月固定的"教育教学管理奖励"补贴后，再计算和发放绩效工资。

（3）在岗位和绩效考核期内有下列情形之一的，不再享受奖励性绩效工资。

① 因工作失误造成重大安全责任事故的，因处置不当引发群体性事件或参与群体性事件的。

② 受到党内严重警告或记大过以上处分的，受到刑事处罚的；严重违反《中华人民共和国教师法》和《中小学教师职业道德规范》等造成恶劣

后果的。

③本学期未承担任何教育教学工作的教师不享受绩效补贴。

④当年旷工或者因公外出、请假期满无正当理由逾期不归连续超过5个工作日，或累计超过10个工作日。

⑤病假累计超过6个月，事假累计超过3个月，或病、事假累计超过5个月的，不参加绩效考核。

⑥受警告处分的当年，参加绩效考核，不得确定为优秀等次。

⑦受记过、记大过、降级、撤职处分的期间，参加绩效考核，只写评价意见，不定等次。

⑧受党纪和行政处分的教师有关学年度绩效考核确定问题，按照中央、省、市的有关规定执行。

⑨教师在编不在岗的，不参与绩效工资分配（不含挂职锻炼、派出学习、培训、支教教职工）。

（4）女教职工妊娠和产假期间，凡符合人口与计划生育政策规定的，奖励性绩效工资按科任教师的平均值发放。

（5）调动及借用情况的按同级别教师待遇和相关文件计算。

（6）全年因相关奖罚产生的奖励性绩效工资余额，当年全部计入全勤奖，作为奖励平均发至全体全勤教职员工。

（该方案发表时间为2021年，已实施）

学校年终推优方案

一、指导思想

为激励先进，促进和谐，推进学校发展，以"民主、公平、公正、公开"为原则，制订学校年终推优方案。

二、推荐程序

（1）成立年度推优工作领导小组。组员由中层以上领导干部、年级组长和学科组长组成。

（2）以学科组为单位，根据教职工德能勤绩的表现，参考上级部门分配的指标推荐人选。各组推荐人数的计算数据，根据3年内四舍五入的情况适当调整。推优工作领导小组可根据教师的突出贡献、临近退休等情况，补充推荐不超过3个人选。

（3）参考《学校择优聘用中高级教师职务计分办法》，量化获推荐人员的表彰奖励、工作量、教学质量、辅导学生获奖、课题研究、论文发表、管理工作和其他特别贡献等业绩，公示无异议后，该项分数直接计入推优总分。表彰奖励、辅导学生获奖、课题研究、论文发表和其他特别贡献等业绩自上回获评为优秀后算起。

（4）民主测评：全校教职工对公示无异议的推荐名单进行民主测评。测评分优秀、合格、不合格三个等次，优秀票计1分，合格票计0.5分，不合格票计0分。民主测评分数的70%计入推优总分。

校级领导推优名单由学校领导班子推荐，经上级部门考核形成。

（5）根据个人业绩量化分数和民主测评最终得分情况，由学校推优工作领导小组讨论，形成该年度推优名单，在校内公示后上报。

（6）未尽事宜或遇到新情况，由领导小组商议决定。本方案解释权归学校推优领导小组。

湛江市第二十四中学

2018年2月26日

学校中层干部竞聘上岗方案

为进一步深化学校人事管理体制改革，根据干部管理的相关文件精神，拟订我校中层干部竞聘方案如下。

一、指导思想

坚持德才兼备，群众公认，注重实效和"公开、公平、公正"的原则，构建能上能下、竞争择优的用人制度，不断建设一支德才兼备的中层管理干部队伍。

二、拟聘岗位

学校根据实际情况公布拟聘岗位，在本校范围内公开竞聘，由个人报名，领导小组审核资格。

三、竞聘条件

（1）认真贯彻执行党的教育方针、政策，有较强的法规意识、组织纪律观念和事业心，有责任感。乐于吃苦，甘于奉献，勤于工作，任劳任怨。

（2）具有较强的领导、组织、协调能力和实际工作经验，认真贯彻上级和学校工作意见，能结合实际创造性地开展工作。

（3）清正廉洁，为人师表，作风民主、正派，办事公道，事业心、使命感和全局观念强，善于集中正确意见，善于团结同志一道工作，群众威信高。

（4）具有竞聘岗位所需的专业管理知识、政策理论水平和专业业务能力，具备一定的文字处理能力和口头表达能力。

（5）具有大专及以上学历，身体健康，精力充沛，从教满5年以上，任班主任或年级组长满3年，距退休年限须在10年以上。

四、竞聘程序

（1）公布方案：向全校教职工公布《学校中层干部竞聘上岗方案》。

（2）个人申报：凡符合条件、有意竞聘者，将《学校中层干部竞聘上岗报名表》（见附表）报给校长办公室。

（3）资格审查：竞聘领导小组负责对申聘者进行资格审查，竞聘领导小组由正校长和副校长，党总支书记和工会主席、办公室主任等组成。

（4）竞职演讲及民意测评。

① 召开竞聘会议，竞聘人员向全校教职工发表竞聘演讲，演讲时间控制在5 min以内。演讲完毕由全体教职工投票，民主测评支持率不低于50%。

② 学校根据民意测评结果按1：3的比例选出候选人，组织考核小组人员（年级组长、学科组长、本校在岗高级教师和中层以上干部等）进行投票，选拔出候选人。

（5）公布候选人名单：经过竞聘领导小组最后审定，公示候选人名单5个工作日后上报给区教育局。

（6）上级组织部门考查（时间另行通知）：由区教育局对候选人进行组织考查并最终确定任用人选。

（7）聘前公示（上级发文时）：对拟聘人员和岗位校内公示5个工作日。

（8）学校聘任：公示期满，校长向聘用对象颁发聘书，签订岗位任期目标责任书，履行相关职责。

五、管理待遇

（1）竞聘上岗的中层干部管理和待遇按照学校中层干部管理办法和奖励性绩效考核办法执行。

（2）新上岗人员试用期一年，如不能胜任，将予以免职。

二〇一五年五月五日

附：

学校中层干部竞聘上岗报名表

竞聘岗位：

姓名		性别		出生年月		民族		健康情况	
政治面貌		参加工作时间				学历		职称	
工作简历									
竞聘理由									
竞聘承诺									

续 表

资格审查意见	组长签名：　　　　　　年　　月　　日

本人签名：　　　　　　　　填表日期：

学校择优评聘中（高）级教师职务方案

（2018年7月7日教代会表决通过稿）

根据上级文件精神，结合我校实际，特制订本方案。

一、指导思想

为进一步深化学校人事制度改革，形成竞争机制，优化教职工队伍，增强学校的活力，提高教育教学质量，学校实行择优聘用中（高）级教师职务制度。

二、聘用原则

坚持公平竞争、考核公开、择优聘用、合同管理的聘用原则。

三、适用范围

凡属获得中（高）级教师职务任职资格尚未被聘用在中（高）级岗位的教师，已被聘用在各级岗位需竞争高一级岗位的我校园在编在岗教师适用本方案。

四、考核聘任标准

对教师职业道德、工作态度、工作责任感、基本条件与能力、履行职责和工作绩效的各个方面分师德师风（占总分20%）、硬件与成绩（占总分70%）、民主评测（占总分10%）三个方面进行考核与评价，实行定性与定量相结合的办法。具体考核与评价见《学校择优聘用中（高）级教师职务计分办法》。

五、优先聘用

本职称期内取得结业证书的市级及以上骨干教师（学科带头人、名师或名班主任工作室主持人），获得省、市级优秀青年教师、教坛新秀或教学创新比赛获一等奖的教师，参加过支教一年的教师，其总得分与其他竞聘者相差在1分之内的可优先聘用。

六、不予聘用

教师有下列情形之一，聘用考核组可以做出不聘用的决定。

（1）违反国家法律、法规。

（2）不承担学校分配的任务，不服从工作安排以及严重违反学校规章制度，造成严重影响。

（3）旷课达3天（15节）以上或无故不参加学校规定的活动为五分之一以上。

（4）因工作失职造成严重损失或发生严重安全责任事故。

（5）在近五年年度考核中有两年为"不称职"等级。

（6）在学校及上级教学常规检查中，综合成绩连续两次为"不合格"等级。

（7）在学生或家长评议中，多数（超过一半）学生或家长对该教师教学工作不满意。

（8）因违反师德要求，出现过有偿家教、乱收费、体罚或变相体罚学生等行为，造成不良影响。

（9）因散布谣言，影响教师之间的团结，影响学校工作的正常开展或损害学校的形象等。

七、组织机构

学校成立职务聘用考核组：校长任组长，书记、副校长任副组长，中层、年级组长、教研组长、教师代表为成员。

八、聘用程序

（1）学校提出岗位设置数额、聘用条件、岗位职责，向全体教师公布。

（2）教职工提出自己的应聘任职意向，填写申请表格及自评表，提供相关佐证材料。

（3）考核组对参加竞聘的教职工进行各项认定考核。

（4）对考核结果进行公示。

（5）如对考核结果有异议，教职工可在公示期内提出，把书面材料递交考核组进行复议。

（6）按聘用的岗位数依照考核结果总得分高低进行择优聘用。

九、附则

（1）各级岗位聘用职数以上级人事部门批准下达的指标为准。

（2）各项计分的时限原则上截止到聘用考核前一个月的月底。

（3）工勤岗位晋级聘用参照本方案实施。

（4）若上级另有方案及要求则以上级要求为准。

（5）未尽事宜或遇新情况由考核组商定处理办法。

本方案解释权归学校聘用考核组。

学校择优评聘中（高）级教师职务计分办法

一、师德师风综合考核（占总分20%）

1. 考核内容

严格遵守《中小学教师职业道德规范》的相关规定。

（1）热爱祖国，遵纪守法，依法从教，不准有违反四项基本原则和国家法律法规的言行。

（2）宣传科学，传授知识，不准宣扬封建迷信和歪理邪说，不准参与邪教活动。

（3）爱岗敬业，忠于职守，不准搞有偿家教。

（4）为人师表，廉洁从教，不准向学生强订资料、推销商品和索要财物或牟取私利。

（5）关爱学生，尊重家长，不准歧视、体罚或变相体罚学生，不准随意斥责、训斥学生和学生家长。

（6）有健康的心态和团结合作的团队精神，能与其他教师和睦相处。

2. 考核办法

学校职务聘用考核组、特邀年级组长、教研组长、教师代表等组成考评组，对申报者进行师德师风综合考核评议。本项考评为100分制，用"平均得分×20%"计入总分。

二、硬件及成绩分（占总分70%）

（各类获奖证书、表彰奖励、论文发表、课题结题等计分时限：从其现职称级别获评审通过之日起至聘用考核前一个月月底止）

1. 教龄与校龄

从教以来累计教龄每年加1分；在我校上班累计每年加1分。

2. 职称与学历

获得中（高）级教师职务任职资格累计每年加3分。学历：以本人获得最高学历一次性加分，中专、大专、业余等本科、全日制本科、研究生学历分别加1、2、3、4、5分。

3. 表彰奖励（8分封顶）

获得过各种综合性表彰荣誉称号按最高级别一次性加分；国家级加3分，省级加2.5分，市级加2分，区级加1.5分，校级加1分。获各级兼职教研员、骨干教师、学科带头人、名教师、工作室主持人等称号，有教育行政部门或人民政府公章的，按相应级别计分。（培训学时证明、结业证不计分）（获奖者必须由学校推荐并公示，外校校级获奖不计分。）

4. 工作量（满量8分）

一学期工作满量为2分，按学校工作量计算办法，将近四个学期工作量累计作为工作量得分，外校工作量不计分。一学期工作量得分算法如下。

n（节数，为个人周工作量）÷17.2（学校每周标准课时）×2（一学期满量得分）

5. 教学质量

学校近四次教学质量个人考核总评（每次）：一等5分，二等3分，三等1.5分（外校教学质量计三等得分）。中考小考获先进个人一次性加分：市级1.5分，区级1分。

6. 指导学生（6分封顶）

指导学生参加各级教育主管部门牵头举办的学科比赛、竞赛活动获奖，分级按等次给予指导老师计分（每项）：省级2.5、2、1.5分；市级1.5、1、0.8分；区级0.8、0.6、0.4分。科技、书画、文体（含征文、书信等）类50人以下的项目获区级以上奖按低一级别计分，优秀指导教师市级0.6分/次、区级0.4分/次。（本项以证书实名计分，学生获奖证书须有学校职能部门确认并证明为某教师指导，多人指导须凭指导老师证书计分）

7. 课题教研（16分封顶）

参加校级以上（含校级）竞赛（含学科教学设计、基本功、书法等）课、公开课、优质课（每课）：国级6分，省级5分，市级3分，区级1分，校级0.5分（本项加分属个人现场比赛竞选类的，可累计各级别的加分。以文化课或其他综合类录像课、小视频等形式参加评比的，按最高级别一次性计算；外校校级获奖不计分）。主持由各级教育主管部门或业务部门牵头的课题研究成果获奖或课题研究通过结题验收的课题负责人，分级按等次计分：国家级6分，省级5分，市级4分，区级3分，校级1分。参与课题研究的成员且有成果的折半加分（以立项书和结题书材料为准）。

8. 论文发表（5分封顶）

撰写论文（第一作者并署名单位）在各级报刊（须有CN或批准CN报刊号、批准号或准印证号）发表的，国家级2.5分，省级2分，市级1分。经学校推荐，参加会议交流或收入汇编，折半计分。参加教育主管或业务部门组织的论文评选获奖，或经学校推荐参加学术团体组织的文章评选获奖，分级按等次计分：国家级2、1.8、1.5分；省级1.5、1、0.8分；市级0.8、0.6、0.4分。同一篇论文只取最高级别一次性进行加分。

9. 专著编著（6分封顶）

个人专著或编著，符合《中国标准书号》国家标准（GB/T 5795—2006）的要求，获得ISBN数据库编号的，第一作者6分，第二、第三作者4分，第四作者以后的计1分。（其他机构成员不计分数）

10. 管理工作（6分封顶）

担任学校中层以上管理人员副主任级以上每年加1.5分，教务员、政教员、办事员每年加1分；担任年级组长、教研组长每年加1分（兼任班主任者每年加1.5分），担任班主任每年加1分。本项计分时限：从其现职称级别获评审通过之日起至聘用考核前一个月月底止，每年不超1.5分，外校本项不计分。

11. 其他

（1）本校教师外派支教一次性加分：区内4分，市内8分，省内12分，国内16分。

（2）五年内退休者优先聘用。

以上十项得分之和×70%，为本大项得分计入总分。

三、民主测评分（占总分10%）

学校进行任职民主考核测评，邀请全体教师参与，参与者根据履职条件认定申报者是否可以履行相应职务。民主测评选用100分制，用"平均得分×10%"计入总分。

以上一、二、三项得分之和作为该教师考核总得分。

B学校绩效工资分配方案

一、课时工资计算

1. 课时补贴（每月按4.3周计算，不足月的按实际天数计算）

（1）课时补贴：7元/节；超课时补贴：9.5元/节。

（2）月基本课时公式：实际课时值+超课时值+其他补助。

① 实际课时值：实际上课节数×系数×课时补贴×4.3周。

② 超课时计算：（实际上课节数–基本工作量节数）×超课时补贴×系数×4.3周。

③ 其他补助包括：跨课/级、晚自习、加/代课、早读/早操、阳光体育等，此处涉及的内容系数均为1。

2. 教学人员周工作量及系数对照表

（1）小学课程和系数表见表3–2。

表3–2　小学课程和系数表

年级	一年级、六年级		二至五年级		一至六年级	
科目	语文	数学、英语	语文	数学、英语	体育、信息、音乐、美术、科学综合实践活动	其他
周课时数	14	14	14	14	14	14
系数	1.4	1.3	1.3	1.2	1.1	1

（2）中学课程和系数表见表3-3。

表3-3　中学课程和系数表

年级	中考、高考科目（毕业班）高中课程周课时为10节/周				非毕业班					
科目	语文数学英语	物理化学生物高中美术	历史地理政治	初三体育、初二生物、地理	语文数学英语	物理化学生物	历史地理政治	体育	信息音乐美术综合实践	通用技术、地方课程；校本课程、其他
周课时数	12	12	12	12	14	14	14	14	14	14
系数	1.6	1.45	1.4	1.35	1.4	1.3	1.2	1.2	1.1	1

3. 跨级、跨科（跨年级、跨学科）补助课时

跨级、跨科1~2节课，每周补助1个标准课时；跨级、跨科3~4节课，每周补助1.5个标准课时；跨级、跨科5节课以上，每周补助2个标准课时。

二、管理岗位、后勤教辅等人员相关规定

1. 管理岗位满工作量

（1）校长、书记：每周各2节。

（2）副校长：每周4节。

（3）主任（负责全面副主任）：每周5节。

（4）副主任：每周6节。

（5）级长、班主任：每周8节。

（6）科组长：每周10节。

（7）备课组长每周12节。

2. 后勤教辅岗位补助

按工作岗位补助，校医：650元/月（含相关专干补助），一类岗位

绩效：550元/月，二类岗位绩效：400元/月。一类岗位包含：办公室办事员、德育处办事员、教导处办事员、财务、油印。二类岗位包含：水电维修工（浮动一类岗）、图书馆馆员、教辅员（教学多媒体维修、学生档案管理等）、库管员（仓库、体育器材管理员）、杂工。

由主管部门相关领导每月根据实际工作情况进行考核并做好记录。下月5日前，上报符合一类岗位名单和当月工作情况登记表佐证，不符合的人员按二类岗位计算。

3. 后勤教辅人员奖励补贴发放试行办法

（1）按人头100元下发到科组，该笔资金不得平均分配，按3：5：2的比例进行分配。

（2）每月由科组长召开科组会议，分别根据教务处提供的教辅人员月工作量量化表、总务处提供的后勤人员月工作量量化表、办公室提供的月坐班情况考勤表进行民主评定。

（3）科组长召开会议时，主管副校长，办公室、教务处、总务处主任要到场参与会议。

4. 教师兼教务员、实验室、机房管理员、社保相关等工作

除领取正常课时绩效工资外，负责教务员、社保相关工作补助人员另补200元/月，实验室、机房管理人员另补150元/月。

5. 公派的支教教师、对外借调教职工相关办法

领足上级拨给学校的每月平均绩效工资（会根据上级文件进行实时调整），外借期间不再领取学校其他的各项绩效奖励。

三、其他课时

以下内容以实际考勤情况为准。

（1）早读、早操、阳光体育每次补助4元（0.5节），迟到扣2元，无故缺席按《考勤条例》扣款10元/次，请假（含病假、事假）不补助、不扣款，以上考勤分别以教导处、体卫艺处每月检查统计次数为准。

（2）晚自习补助：科任教师晚自习时间为7：30-9：30，30元/晚；值班领导晚自习时间为7：15-9：45，40元/晚。

（3）第二课堂、社团10元/节，区及以上学生竞赛辅导补助12元/节；分别以教导处、社团统计次数为准。无故缺勤不能领取补助，每次扣10元并记旷工0.5节累积到当月考勤中（公干或已办理病假手续的不领取该课时补助，但不计入考勤）。

（4）安全值周50元/天，值班要求：每半天巡堂一次，做好记录。上学、放学期间到校门口组织学生进校和撤离。不到位者除不得领取补助外，倒扣50元/天。公干或已办理病假手续的不领取该补助，自行协调不扣款。

（5）所有监考、出卷、改卷属于基本教育教学常规工作，不进行额外补助。监考迟到5 min记迟到，扣10元/次，安排监考无故不参加的以及迟到10 min以上视为旷监考，扣20元/次，并计入考勤旷课1节。

（6）因学校工作需要，临时调整或安排的课程参照以下标准，均以教导处考核为准。

① 任课教师上自己班课程的按12元/节计算。

② 安排上其他班课的按14元/节计算。

③ 班主任看班或科任老师看自习课按8元/节计算。

④ 教务处安排的毕业课外体育训练、培优补差15元/节。

（7）高三就业班、高三美术班学生外出进行术科备考学习期间，班主任费为（150元+2元）×人数/月。

（8）门口防疫测温工作按1.5节/次，纳入工作量，系数为1，测温人员由学校统一安排。

四、各种职务津贴

以下津贴补助含相关岗位人员在岗的所有相关工作。

（1）班主任津贴。

① 级长津贴500元/月。

②下级行政津贴200元/月。

③班主任津贴400元/月，每学期根据量化考核，评选一次优秀班主任，一等500元/人，二等300元/人。

④代班主任津贴30元/天，经批准请假或公干的不在岗班主任扣减20元/天。

⑤人数超过45人的班级，每超1人，班主任加补助3元。

⑥行政兼级长、班主任津贴计算方式：行政津贴+级长津贴50%+班主任津贴50%。

⑦级长兼班主任计算方式：级长津贴+班主任津贴50%。

（2）校级：正职1000元/月，副职900元/月；中层：正职750元/月，副职600元/月。

（3）暑假（8月）津贴，级长、班主任150元，行政干部200元。初三、高三级长、班主任6月按满月计算，7月按半个月计算。

（4）科组长津贴。

①科组人数10人及以下的为150元/月。

②11人至19人的为180元/月。

③20人及以上的为200元/月。

④备课组长为70元/月。

（5）兼/专干津贴。

①安全主管（分管安全校级领导）、安全专干（分管安全中层干部）200元/月。

②宿管主任150元/月。

③备课组长70元/月。

④党小组组长50元/月。

⑤党务工作专干（扶贫专干）150元/月。

（6）因工作需要，时常外出公干岗位交通补助80元/月，此类岗位含：办公室办事员、财务人员、社保相关人员。

（7）开学前补助：所有坐班人员40元/天，以实际考勤为准；班主任、级长注册补助25元/半天。

（8）年龄津贴：每年1月核定一次，女教职工年龄50周岁以上、男教职工年龄55周岁及以上，每月补助30元。在单位累计担任行政干部、班主任工作15年以上，且仍在该岗位上的人员每月补助50元。

五、安全出勤奖

行政干部220元/月，级长、班主任200元/月，后勤教辅130元/月，科任教师110元/月。正常因故请假扣款扣完出勤奖为止，如因考勤旷工等扣完安全出勤奖，则超出部分在绩效总额中倒扣。

六、奖金

（1）先进科组奖：每个学期被评为先进科组的，被评为第一、二名的科组每位组员奖80元，被评为第三、四、五名的科组每位组员奖40元。

（2）课题奖：参加课题研究并结题的（需提交结题证书），各成员奖励如下：区级100元/人，市级200元/人，省级300元/人，国家级500元/人。课题主持人多奖200元，由各成员奖励中平摊。

（3）教案奖：每学期根据教师上交教案的次数以及书写情况，由教导处牵头科组长配合评出一、二、三等奖（分别占比为30%、50%、20%），对一等奖教案给予100元的奖励，对二等奖教案给予50元的奖励。没按要求完成教案任务的则给予相应的扣款，每学期要提交三次教案（开学第一周、期中、期末），每缺交一次扣40元，若教案书写次数不达50%或书写质量不达标则每次扣20元。

（4）承担校级公开课第一等次、第二等次、第三等次分别奖60元/节、50元/节、40元/节；承担区级教研课（区教研室指定）100元/节。

（5）各级别教研、教学奖：教师本人参加教学、教研活动，辅导学生参加竞赛以及各级评优等按各级不同等奖进行奖励，见表3-4。

表3-4

级别	等次	教师本人参加教学竞赛课获奖	论文获奖及论文发表	辅导学生获优秀指导老师奖	各级各类先进、评优
国家级	获第一等次奖	4000	800	800	1000
	获第二等次奖	3600	600	600	800
	获第三等次奖	2400	500	500	700
省级	获第一等次奖	2000	400	400	600
	获第二等次奖	1600	300	300	500
	获第三等次奖	1200	200	200	300
市级	获第一等次奖	1000	150	200	200
	获第二等次奖	800	100	150	150
	获第三等次奖	600	100	150	150
区级	获第一等次奖	300	100	150	150
	获第二等次奖	200	50	100	100
	获第三等次奖	100	50	100	100
校级	获一等奖	80	50	80	80
	获二、三等奖	50	30	50	50

说明:

（1）论文发表于国家、省级正规刊物，需知网、龙源网、万方网可查信息，或发表于本市的相关学术刊物，或教育主管部门评比的为有效。

（2）所有奖项以教育主管部门盖章为准，其他同类型机构同一老师同一个项目，只计算最高奖项。

（3）各类获奖相关证书，由教职工个人于6月及12月的15日至20日之间，将原件及复印件一起上交办公室核对，核对后原件拿回，复印件上交，再由学校相关领导核实无误后在7月及次年1月绩效工资里进行发放。

七、有关说明

（1）级长、班主任每月上课、早午读、阳光体育、升旗、会议、科组活动、坐班等病事假、迟到、早退、旷工等缺勤情况按考勤制度在出勤奖中进行相应扣减，同一时间段只做一项考勤。升旗、学习、会议、活动不另发补助，迟到、早退、病假一次减10元，事假一次扣20元，旷工一次扣30元，此类扣款在安全出勤奖进行。

（2）不坐班的任课教师上课时间病假、事假、旷课除不领取当节课课时费外，每节分别在安全出勤奖中减10元、25元、40元，迟到、早退每次扣减10元（上课铃响后到课室记录迟到）。

（3）行政干部、后勤教辅坐班人员上班时间病假、事假、旷工每半天分别扣减15元、25元、40元，当月查岗累计不在3次扣除安全出勤奖一半，不在5次不领取当月安全出勤奖。迟到、早退每次扣减5元（超5min记录）。

（4）后勤教辅人员取消中途打卡，坐班期间由所属部门领导查岗考勤。

（5）所有教职工采用弹性坐班打卡考勤制度，上班均需要通过企业微信进行打卡，坐班考勤。

（6）法定8大节日安全、防疫值班60元/天，其他安全、防疫值班40元/天，台风安全值班40元/班次。安排值班不到岗的，按相关值班金额进行扣款，并计入量化考核，学校统一安排的加班视当时情况而定。

（7）外出参加培训、学习、会议等补助如下。

① 在区外市内（除霞山区以外的开发区、赤坎区、麻章区、坡头区）周一至周五40元/天，周六、周日60元/天。

② 在市区外（遂溪、廉江、雷州、徐闻、吴川）周一至周五60元/天，周六、周日80元/天。

③ 霞山区内一律不给予补助；以上活动一律不给予交通费、餐费、住

宿费等费用的报销。若已报销交通费、餐费、住宿费的则不得再领取补助。

④公派学习、监考、开会等工作不扣钱。

八、备注

（1）本方案由行政会议及工会委员会议商议修订，工会委员、科级组长讨论通过后，经教代会讨论通过并报上级主管部门审批备案后实施。具体实施过程中遇到的实际问题由学校工会委员会主席团集体研究决定，对本方案进行解释或修改。

（2）绩效工资分配方案随上级下拨绩效工资进行调整。如方案需微调，要经校务会议讨论决定。（微调：项目或金额微调不超过总项目金额的十分之一）

（3）其他分配方案需交由校务会议或行政会议讨论通过后方可执行。具体分工由以下部门负责：高考、中考奖励方案由教务处起草制订，期末综合奖（优秀人员奖）、考勤办法由办公室起草制定，班主任量化考核等级评比方案由德育处起草制订。

2021年7月8日（修订）

附：

学校年绩效工资分配方案调整

各位教职工：

我校第四届教代会第二次会议已圆满闭幕，在大家的大力支持下，本次教代会取得了喜人的成绩，为我校继续建设和谐校园进一步夯实了基础。会议期间，各组代表提出很多合理化建议，现就部分问题做书面答复，请大家审阅。一些问题需进一步实践、调研后再做处理，请大家理解。

大家关注最多的绩效工资分配方案，参考教代会代表提交的建议，对绩效分配方案做以下几点微调。

（1）基本课时，根据测算，由8元/节调整为7元/节。超课时按乘以系数后，每节9.5元计算。

（2）后勤教辅组，组长由该组成员评选。人均每月增加效益奖100元，个人具体领取数额，由该组月底工作总结时确定报学校。

（3）校医按技术岗位计算，每月按教师基本工作量的90%领取。

（4）外借调人员约1030元，不再参与学校其他分配。

学校将调整后的方案、测算数据发在教工群，请大家利用假期时间继续讨论，8月底再召集教代会代表进行表决。新学期按表决后方案执行。

绩效工资的分配，涉及每一位教职工的权益。目前的方案难免存在问题，学校将在年底再组织讨论。

工作不足之处，请大家见谅。

教代会主席团

2021年7月10日

学校年终绩效工资分配方案

一、指导原则

落实上级"多劳多得，优绩优酬，倾斜一线，激发积极性"的文件精神，遵纪守法、师德师风良好、完成本职工作、为学校做出应有贡献的当年在职在编教职工参与年终绩效分配。

二、具体分配计划

（1）工作量2000元。计算十二月份工作量绩效，个人计提，余额全校平均分配。

（2）出勤情况1000元。全校根据日常考勤记录，分一等、二等。一等1000元，二等800元。

（3）教学质量1000元。一等1100元，二等900元，三等700元。根据教学成绩，全校科任教师评一等（50%），二等（50%），后勤、教辅人员按3：5：2的比例评为一等、二等、三等。

（4）获奖荣誉：区级200元，市级400元，省级800元，同一事项就高发放，看行政部门公章。学会、协会等机构所评荣誉降一级处理。分配指标到学校的荣誉不再计算。对学校有良好影响事件由学校认定。

（5）职称：二级100元，一级200元，副高300元，正高500元。

（6）各板块分配如有余额，最后汇总再全校平均分配。

三、方案实施

（1）学校拟订分配方案，并根据方案计算个人所得，一并在校内公示，征求教职工意见修改后，提交教代会讨论、审议通过后执行。

（2）未尽事宜，由学校领导小组商议解决。本方案解释权归学校领导"三重一大"会议及行政会议所有。

（该方案发表于2020年，系湛江市第十四中学的方案。）

校 长 培 训

活到老，学到老。参加培训，是非常值得期待的事。

首先，培训是非常有效的减压方式。身为一校之长，在学校里整天面对这样那样繁杂的事务，时间久了，心态会慢慢发生变化。借培训的机会，将肩上的担子暂时放下，给自己充充电，心中的压力能得到极大的缓解。

其次，培训是提升自我的有效手段。参加培训，可向授课的教授、培训班的同学学习，了解教育的新动向，接受新的管理理念，借他山之石以攻玉。授课的教授自然是有水平的，术业有专攻，他们在自己的研究领域都有建树，对问题研究的深度、广度都令人叹服，对政策的解读能力、对形势发展的独到见解总能给人耳目一新的感受。培训班的学员来自不同的地方，大家聚在一起，就是一个信息交流的场所。教授讲的内容，可能一下用不上，但是与这些来自不同地方的同行交流，只要用心倾听，总会有意想不到的收获。毕竟，他们都是地方教育的精英。

最重要的是，参加培训能静下心来，换一种心态来思考学校的事情，以新的视角来看往日困扰自己的难题，找到新的办法来解决问题，推动学校的发展！当了校长，到哪里都放不下自己的学校。学校的问题、困难，时时刻刻都会挂在心上。通过培训，终于想到了解决问题的办法，这样的喜悦，是难以用语言表达的。

华中师范大学培训心得体会

2018年12月16日至22日，湛江市霞山区教育局组织区中小学约50名校长、书记赴华中师范大学培训。这次培训本是让书记参加，主要是想让他与各校领导多点机会接触、交流，以利于今后工作。都将他的名字报给湛江市霞山区教育局人事股了，但后来考虑到他要参加当年的职称评定，担心外出期间有关于职称的事情需要处理，就又改为我参加。这学期因为省巡视组在市内巡视，区里要求科级以上干部都不能离开本市，能出去走走也是好事。

这次学习，收获是很多的。共听了8位教授的讲座，参观了华中师范大学附小新建的校区，对每天的活动都颇有感触。

粮道口学校校长的讲座对我很有启发。这是一家由小发展到大的教育集团，最初的粮道口学校，是一所"三心"学校。何谓"三心"？即家长不放心、教师不安心、学生没信心。但是，就是这样的一所学校，找准时机，把握住机会，办成了让家长放心、教师安心、学生对未来充满信心的学校。学校办好了，还收编了附近的两所学校，通过教师交流、培训，辅以合理的评价制度，现在的粮道口教育集团在湖北省府武汉已经是响当当的品牌了！

王朝文教授讲的是校园文化建设的话题，这对于我来说简直就是及时雨啊！这几年借创建教育强区、推现、学位建设的东风，在市、区政府的关心、支持下，我们学校校园建设可以说是每年都大变样，学校布局进行了合理的调整，新教学楼一期、二期如期完工并投入使用，运动场成了孩子们的乐园。但是，进到校园，总让人感觉文化氛围有所欠缺。身为校长，对这些我很清楚，也很焦急。但是，急不来啊！首先是经济不允许，再就是文化建设不是一朝一夕的事情。

王教授的讲座，给我最大的启发是，校园文化建设，更重要的是教师队伍的文化建设。这戳到了我的痛点！学校的教师都有文化吗？我们的教师队伍是一支有文化的队伍吗？现实的情况是，我校的教师文化平均水平不能算高！身为教师，我们不能将多认识几个字、会解几道题作为有文化的标准，而应内观自己，问问自己的修养如何，自己的言行能不能给身边的人带来温暖。

要提高自己的文化修养，读书是一种有效的途径。所以得想点办法，促使教师多多读书，起码一学期读一本吧。要有检查办法、奖励办法。

我们学校，以前也是霞山区里的薄弱学校，经过十多年的努力，我们的校容校貌都发生了很大的变化，近些年，家长对我们的评价也不断好转。但是要提升为区域名校，还有很多功夫要做，还有很长的路要走。让人高兴的是，现在我们的领导班子很和谐，大家齐心协力，带领全体教职工团结一致为共同的目标努力，一批积极向上的中青年教师也在成长，教师队伍的战斗力在不断提高。

结业典礼上，相关领导表示：我们是霞山区的干部，是霞山教育系统的领导，我们到先进地区来学习，参观的是当地最好的学校，没必要将注意力放在硬件的差距上，而应融会贯通、学以致用。我们湛江已经被确定为省域副中心城市且国家对湛江的发展给予极大关注。相信在不久的将来，我们湛江的经济将会腾飞，我们霞山的教育也会迎来新时代。

今后，我将按照局领导的要求，以这次难忘的培训为起点，静下心来，继续努力提升自己，提升学校教师队伍的战斗力，提升学校教育教学的质量，共同谱写学校教育更美的篇章！

留心处处皆学问，岭师培训收获多

——广东省骨干校长高级研修班培训感悟

2019年6月25日至7月4日，有幸到岭南师范学院参加广东省骨干校长高级研修班。培训虽然仅短短10天，但让我收获良多。

首先，给我留下深刻印象的是班主任徐博士及她的团队。说是团队，其实就只有4个人。但就是这4个人的小团队，在徐博士的带领下，发出了巨大的能量：他们为我们这个培训班做了大量细致的前期准备工作，从确定培训人员名单、培训场地及食宿到专家课程安排等一系列烦琐的工作，事无巨细，都事先做了很具体的准备预案。我们知道，组织这样的培训，联系专家上课这环节的变数是最大的，在徐博士的努力下，我们才有幸听到了好几位教育界专家的课。其间也有小变动，但是因为预案做得充分，临时变动的课程——范清松教授的心理团体辅导课，也让我们一大拨校长得以体验到心理辅导的重要意义。正是因为徐博士的团队在幕后辛勤的工作和默默的付出，才确保培训的顺利进行。

范教授说："我们在人生的道路上，都希望遇到贵人，得到贵人提携、帮助。其实，我们身边的人，就是我们的贵人，上天安排他们在我们身边，让我们的人生更加精彩，我们应该感谢身边的每一位贵人。"在放假前的全体教师会议上，我将这一说法与学校老师进行了分享，老师都很认同。9月份全区将实行教师县管校聘，我鼓励老师主动适应，根据工作需要，服从组织安排，到其他学校去，结识更多的贵人。

首先是徐博士给我们讲了团队建设的问题，以唐僧师徒的团队为例，阐述了"没有完美的个人，只有完美的团队"的观点，这给我带来非常大的启示。校长是一个团队的领导人。建设学校的过程同时也是打造团队的过程。正所谓："用人之短，无人可用；用人之长，人人可用。"身为校长，管理着几十或几百人，如果不能发现老师的长处，让老师发挥其特长为学校服务，而是一味地要求老师改正其缺点，结果肯定是满校园怨声载道，不可能谈学校的发展问题。

"没有完美的个人，只有完美的团队"，明白了这个道理，我们工作起来思考问题的方向就会更清晰。团队建设和学校建设是相辅相成、相得益彰的。团队打造得好，学校才可能不断发展、提升，最后才能达到共赢。

其次是授课的十多位专家、名家。这些专家、名家对自己领域的问题研究得非常深入，见解很深刻，可谓高屋建瓴，听后有豁然开朗的感觉。深圳明德教育集团总校长程红兵的讲座在岭南师范音乐厅进行，湛江市范围内很多老师都慕名而来听他的讲座。程校长是从一线做起来的教育家，他的讲座既接地气，又有广阔的国际视野，其侃侃而谈，生动的事例信手拈来，让人感受到一位名校长的魅力。

校长校长，一校之长。上级为什么设置一个校长的岗位？因为学校有事情需要人处理。组织为什么把你安排在校长这位置上？因为有困难需要校长解决。任何困难，都不是校长埋怨、推卸责任的理由。我们要做的，就是结合实际，想办法发动一切能发动的力量，为学校的发展多做点好事。

张旭东教授，走上讲坛，落落大方，侃侃而谈，听他的课，很快就会被吸引。他给我们讲"中小学教师职业压力与管理策略"，大家都听得津津有味，不时发出会心的微笑。很多校长说，听张教授的课，一节课下来，压力就在不知不觉中消散了。

　　最后我想说说培训班的学生。这期省级骨干校长培训班共有50位学员，全省各地级市都有。平时大家在各自的单位都是一把手，这回放下繁杂的事务，集结在岭南师范学院学习，身份变成了学员，每个学员都学得很认真。在与他们交谈、听他们介绍自己学校的过程中，我感觉到他们都是学有所长、对教育有深入思考、对教育一片赤诚的人。无论来自哪里，他们都非常爱自己的学校，都憋着一股劲儿要把自己的学校办好，办得更好！这是一群可敬的人，是值得我好好学习的一群人。

　　路漫漫其修远兮，吾将上下而求索！期待下一阶段的培训。

鸟随鸾凤飞腾远，人伴圣贤品自高

——"省百千万工程初中名校长培训"心得体会

2021年9月23日至28日，我在广东省第二师范学院参加第三批省百千万名校长培训。培训时间安排得非常紧凑。比如，23日上午8点，先是广东省实验中学全汉炎校长的讲座，10点30分是简朴的开班仪式，下午到广州中学参观，晚上是召开座谈会。一天下来，感觉节奏比在学校还紧张，但收获也很大。

为期6天的培训，每天的培训内容都非常丰富，又契合我们一线教育工作者的需求，有量身定做的感觉。授课的教授水平也很高。

清华大学航天航空学院工程力学系的殷雅俊教授，给我们讲座的主题是"教师的价值判断力与思维的明辨性、辩证性与创造性"。随着讲座的深入发现殷教授不但研究得深，更关键的是能将深奥的东西用浅显的语言表达出来，得到大家的高度认同。不仅仅是教师、校长，任何一个人，想要在所在岗位、行业有所发展，都需要敏锐的价值判断力与思维的明辨性、辩证性与创造性。作为老师，平时多习惯于给学生传授知识，但对学生的思维方式、价值判断能力往往不够注重，其实这对学生的发展是非常不利的。

深圳市龙华区教育科学院林君芬博士的课给了我极大的惊喜！林博士在省教育厅工作多年，对广东教育非常了解。她给我们带来的讲座主题是

"智慧校园：思维范式与实践路径"。林博士长得娇小玲珑，但是她的身体里似乎蕴含着无穷的能量，自信、睿智，似乎天生自带气场，一走上讲台，就激情四射、神采飞扬。她从学校面临的实际问题切入，结合生动的事例深入浅出地娓娓道来，似乎能洞察学员内心的困惑。

"眼中有世界，脑中有逻辑，腹中有诗书，心中有情怀。"理工学霸林博士讲起作文教学来也头头是道。开阔的国际视野，深厚的家国情怀，林博士的思维在古今中外之间随意切换，在轻松愉快的氛围中，带给受众的是恰到好处的点拨，是豁然开朗的感悟。

林博士说她准备利用区块链技术，将深圳龙华区的教育教学成果通过网络让广东省其他县、市、区的师生共享，还说要大力争取企业支出，助力建设广东教育新高地，让更多的孩子受益。果然，特区的教育，在人财物的配备、理念、管理等方面都是走在前面的。

学院还安排了党建、心理健康方面的讲座，每位授课教授讲授的内容都非常精彩，每一节课的内容都对我很有启发。我们组的理论导师严华银教授是从教学一线走出来的，对当前教育存在的问题有清醒的认识。他的讲座安排在最后，也给我们带来对教育的不同维度的思考。

培训班的很多学员既有学校任职的经历，又有政府部门、教育机构的任职经历，对学校的管理有深刻的理解。比如来自深圳市南山区丽湖学校的学员朴昌东校长，在开班典礼上，他作为学员代表发言，题为"立足广东，面向世界，努力成为新时代大国良师"，讲得非常好。在2021年9月25日的课堂上，当讲到如何提高孩子独立学习能力这一话题时，朴校长现场将自己的思考与大家分享，赢得授课的林博士的高度认同和学员的热烈掌声。听了朴校长的即兴发言，我感觉到他对教育思考的深度、广度都是让人敬佩的。

来自粤东西北等地区的校长也多是人中"龙凤"。连南瑶族自治县田家炳民族中学的盘金生校长是我们第四小组的学员，在"一校一案"的环节中，他介绍了学校和自己的情况，不经意间，他获得了"正高""作协主席""兼职教授"……还有几个全国荣誉称号。更让人敬佩的是，在日常工作中，他非常注重落实"四个自信"，学校在继承和发扬民族文化的同时，更注重渗透民族团结教育，将学生、学校的发展与中华民族伟大复兴紧密结合起来，赢得师生的高度认同。

　　培训班的24位学员，共分为五个学习小组。我们第四小组的学员有佛山市禅城区张槎中学的董蔚校长、连南瑶族自治县田家炳民族中学盘金生校长、梅州市黄遵宪纪念中学熊庆龙校长、茂名信宜市合水中学杨裕校长。我们组的导师有教育部名校长领航工程卓越校长、全国名校长工作室主持人、沙滘中学校长彭志洪导师，教育部国培计划培训专家、江苏省中小学教师培训学会常务副会长严华银导师，教育学博士、广东第二师范学院教授、广东第二师范学院教育学院副院长郭凯导师。几天的接触，感觉我们第四小组这个团队是很强大的，导师的理论水平、实践经验都很有深度，小组学员也各具风采。

　　几天的学习，每一天都感觉收获很大，但同时也不时感到焦虑。焦虑的原因是越来越感受到我们霞山区的教育甚至湛江市的教育与珠三角的教育差距大，比想象中的还要大。

　　开班仪式上，听了省教育厅领导、广东第二师范学院教师发展中心的熊院长等专家、领导的介绍，知道我们广东教育的小学、高中、大学这几个阶段都是很不错的，但初中教育急需补短板、强弱项、促发展。熊院长接触面广，对广东的教育情况很了解，看问题稳、准、深，知道问题出在哪里，也知道该如何去解决问题。作为基层单位的领导，我乐意跟这样的领导学习。

　　鸟随鸾凤飞腾远，人伴贤良品自高。很庆幸自己能成为这个培训班的一员，能有机会与这么多优秀的人在一起学习。我知道，自己必须付出更多的努力、更多的汗水，才能真正成长起来，才能不负霞山区同行、培训导师、广东第二师范学院领导的殷切期望。

好校长总能将难念的经念好

——跟岗培训心得体会

2019年10月18日至22日，根据广东第二师范学院的安排，我到佛山市顺德区乐从镇沙滘中学跟随我们的实践导师彭志红校长学习。

彭志红校长是正高级教师、教育部名校长领航工程卓越校长、全国名校长工作室主持人、广东省教育领域非常有影响力的专家……能跟这样优秀的导师学习，我心里充满了期待。

第一天上午安排的学习内容是观摩学校党支部关于"三重一大"事项的讨论，会议有5名支部委员参加。然后是学校行政会议，学校校级领导、中层以上领导干部和年级组长参加。行政会议主要是传达党支部会议决定的内容，布置具体工作。通过观摩这两个会议，我的感受主要有以下两点。

第一，彭志红校长为人坦诚，做事光明磊落，用他的话说："我们平时就是这样开会的，哪怕有家丑也不怕外扬！"

第二，家家都有本难念的经，而一位优秀的校长，总能想办法把难念的经念好。就算在顺德这个珠三角的经济发达区域，学校也是面临着许许多多的困难。沙滘中学也有教师缺编、场室不足和经费紧张等问题存在，也承受着区域内学校之间竞争的压力。彭校长刚从一所区内名校调到沙滘中学任职不久，可以感受到他也需要直面各式各样的困难，沙滘中学这本经也不是那么好念，但彭校长显然有成竹在胸。

他是怎么把难念的经念好的？找到这一问题的答案，这趟跟岗学习就算不虚此行。

随后几天的主要任务是听课、参与学校各学科组的研讨活动、外出参观。研讨的主题是关于"双减"政策背景下，如何在减轻学生的负担的同时，提升教育教学质量。随着与学校师生的接触不断深入，我寻找的答案也逐渐明晰起来。

在数学科组的研讨会上，老师都非常投入。研讨过程中经常出现这样的情形：主讲老师在讲台上展示、阐述自己的教学构想，台下的老师不时举手站起来，提出自己认为更好的思路或不同的见解。主讲老师丝毫不会因被打断而不快，反而都很乐意接受这样的思维碰撞。听完其他老师的建议后，就表示感谢；如果不认同同事的建议，在表示感谢后就说明坚持自己做法的原因。在这样和谐的氛围中，老师对一个教学问题的理解也更深了，一节课的设计更加合理了。我私下问一位老师："就不能等主讲的老师讲完后，其他老师再逐一提建议吗？"老师回答说："我们都习惯这样的讨论。思维的火花稍纵即逝，不马上提出来，很快就找不回来了！"

语文学科组的研讨会给我留下了很深的印象，初一到初三3个年级组都展示了科组合作研究的成果，特别是初三年级的组长，以《水浒传》为例，介绍他们如何进行名著阅读复习。他们并不是一味强调"读、背"，而是抓住学生的兴趣点，如用一个"酒"字将《水浒传》中与酒有关的情节找出来，分析酒在故事中的作用，酒对塑造人物形象有哪些帮助。这样的学习方式，促使学生认真通读全书，还将相关的情节进行勾连、比较，让故事中人物的形象、性格都铭刻在学生脑海中，学生对名著的理解也就深刻了。

每一个学科组都结合本学科的特点，在减轻学生负担的同时，对提升教育教学质量进行了深入的研讨。老师对国家政策解读得很深，对教材解读得很深，对学生的基本情况掌握得非常全面，每一个团队都展示出团结、和谐、进取的精神面貌。

在注重知识传授的同时，彭校长也非常关注学生的综合发展，学校因地制宜，开设了合唱、漆画和书法等兴趣小组，为学生的个性化发展提供平台。几天中，不管在校园哪个角落遇到的都是彬彬有礼、阳光自信的学生，迎面而来的都是蓬勃的朝气。

沙滘中学老师的劳动强度是很大的。特别是开展校内课外服务活动以来，有些老师上午7点就到学校，晚上10点学生下晚自习后才回家。但这些老师都忙得充实，累得心甘情愿。老师之所以愿意为学校、为学生无怨无悔地付出，最主要的原因是老师将学校看作了自己职业生涯发展的平台，他们觉得在这样的学校里，在这样的校长的领导下，自己的工作非常有意义，自己的前途也充满阳光。这点在学校副校长彭晓妹身上表现得特别明显。学校里校级领导就三个人，彭晓妹作为学校唯一的副校长，很多工作都压在她身上，但她给我的印象非常积极、向上。交谈中得知，跟着彭志红校长打拼的过程中，她的著作《教师专业成长指南》出版了，教研成果获得省一等奖，论文3次被中国人民大学复印转载……为此，我专门阅读了她的著作。其中第三章讲如何开展校本研究，如何在校本研究的基础上形成科研课题；进行课题研究，取得研究成果后，如何进一步提炼，进行成果申报；最后是成果培育，利用成果为教育教学服务。写得非常好，非常实在，对进行初中课题研究的老师来说如同一本工具书，值得一看。我自己主持、完成了几个课题，今年也将自己关于综合实践活动课程方面的研究资料整理了，并申报了省级成果，结果是没有评上。看了彭晓妹校长提供的资料，我认识到自己的申报材料在研究的广度、深度、影响的范围等方面都有待加强。

彭校长说："我能取得这些成绩，与彭校长的帮助是分不开的。老师都愿意跟彭校长一起工作，他关心老师，爱学校、爱学生，在彭校长的带领下，大家都觉得现在的沙滘中学是个很好的平台。"

爱，就是推动学校发展最根本的动力。爱是美好的，用爱培育出来的成果是美丽的。但这过程也许会有些艰难。彭校长到沙滘中学后，反复与上级领导沟通，争取了专项资金用于改造学校硬件建设，学校的礼堂正在翻新，学生宿舍已规划设计……我知道，彭校长为了学校的发展，有些工作只能自己默默去做。校长是学校里站得最高的人，或许也是最寂寞的人。这种寂寞，唯有爱方能化解。在爱的浸润下，懂校长的人就会越来越多。彭校长最让我敬佩的，就是在这么短的时间内，让这么多人懂他，让沙滘中学的老师都"燃"起来。

几天的跟岗学习，收获满满，感受颇多，对自己启发也很大。我们学校目前正处在发展的关键时期，自去年改制以来，领导班子两度调整，好在我们的教师队伍很朴实，大家都对学校美好的前景充满向往。目前我需要做的工作主要有以下几项。

首先，抓紧推进新教学楼的建设。新教学楼要争取年底动工，2023年春季必须投入使用。现在学校周边要求入读我校的学生很多，按现在的发展趋势，3年后，学校的在校学生将达3000人，新教学楼建成将打破学校发展的瓶颈。

其次，以课题研究、职称评聘、信息技术2.0示范学校建设推动教师队伍建设，提升教师队伍的战斗力。

最后，利用"双减"政策及校内课后服务政策，充分利用学校有学生宿舍、食堂等便利条件，开展校内课外服务，侧重发展美术、管乐和足球这几项特色教育，以特色求发展。相信在3至5年后，我们学校定能成为霞山区的窗口学校，在湛江市内有一定的影响力。

一同学习的还有彭校长省名师工作室的5位成员，他们多来自粤西地区，也都是有教育情怀的人。结识了几个志同道合的朋友，是这次跟岗学习的意外收获。

我 的 发 言

　　一校之长，经常需要在不同的场合中讲话，或有备而来，或即兴发挥，或长或短。面对学生、老师、家长、同行、领导，每一次讲话，都是为学校发展添砖加瓦的机会。

　　我的口才不好，讲话不出彩，但我把握住一点：既然不能出彩，那就走朴实无华的路。不管面对什么人，讲话都坚持以事实为依据，踏踏实实将情况说清楚，将自己的诉求讲清楚。

办校庆，谱新篇，创辉煌

各位尊敬的老师、亲爱的同学们：

今天，是我们2016—2017新学年开始的第一天。我给大家讲话的题目是：办校庆，谱新篇，创辉煌。

首先，我要给大家说说为什么要举办校庆。同学们：你记得自己的生日是哪一天吗？在家里庆祝过自己的生日吗？过生日的时候，你的心情怎么样？我们习惯给孩子过生日，希望孩子健康成长；我们也常给老人庆祝生日，祝福老人福如东海、寿比南山。我们的学校创建于1956年，一开始，学校叫湛江铁路子弟学校，后来叫湛江铁路小学，再后来，分为铁路小学、铁路中学，1999年，又合并为湛江铁路中学，2004年，铁路中学由铁路企业划归霞山区管理，2005年，改名为湛江市第二十四中学，这就是我们学校大概的历史。到今年，这所学校60岁了。60年来，学校迎来一批又一批新同学，送走一批又一批毕业生。60年来，一批批年轻的教师从这里走上讲台，开始为党的教育事业奉献青春，从风华正茂的少年，一直奉献到白发苍苍，皱纹爬满额头。我们的校园，占地20 000 m²，不算大，也不算小，就在这20 000 m²土地上，60年来，发生过许许多多感人的故事。在这里，老师、学生互相关心、互相爱护，共同面对困难，一起分享快乐。从这校园走出去的莘莘学子，他们在不同的岗位为社会做出了应有的贡献。

我们的学校，默默地关注着每一位老师、每一名学生，幸福着我们的幸福，快乐着我们的快乐。为了表示对这片土地的感激之情，为了表达对那些为学校发展默默奉献的老师的敬意，我们决定在10月1日，为我们的学校举办一次庆典，庆祝学校建校60周年。为了举办校庆，我们已经毕业的学长学姐踊跃捐款，赠送图书，帮助学校搞绿化，都争着为母校出一份力。在宿舍楼前面的12棵大叶紫薇、1棵玉蕊树，就是用校友们的捐款买回来种好的。前人种树，后人乘凉，同学们要好好爱护这些树木，要像我们的学长学姐那样，在学校努力学习，进入社会积极工作，不管走到哪里，不忘同窗，不忘恩师，不忘母校。

举办建校60周年庆典，是为了回顾过去、感念过去，更是为了开创更美好的未来。近年来，霞山区政府对我们学校非常关心，先是帮我们建起了一栋新的教学楼，又帮我们建好了运动场，今年，准备再帮我们建一栋教学楼，学校的校容校貌发生了极大的变化。在全体师生的共同努力下，我们的教育教学质量也不断提升。我们的老师、学生参加霞山区、湛江市、广东省的比赛都获得了好成绩。我们要借校庆的机会，搭建我们学校校友的平台，扩大学校的影响，加快学校的发展。

良好的开端是成功的一半。这个学年是我们学校第二个甲子的开端，希望我们全体师生都积极向上，努力学习、工作，谱写我们学校的新篇章，为创建学校下一个甲子的辉煌而努力奋斗！

祝大家新学期学习进步、工作顺利、万事如意！

做名校的创建者，做问心无愧的自己

——九年级百日誓师大会讲话

九年级的全体老师、同学们：

今天，我讲话的题目是，做名校的创建者，做问心无愧的自己。

首先，我要告诉大家一个好消息：去年，我们参加了地理科目的统考。前几天，区教研室领导告诉我：我们学校地理科成绩的综合评价，在霞山区全区排名第三！全区公办、民办共22所学校，我们能排名第三，是非常好的成绩！这是我们2019届学生为母校赢得的荣誉，是大家献给母校的厚礼！这成绩，充分说明一点：我们这一届的学生是优秀的！让我们为自己热烈鼓掌！

我们学校创建于1956年，至今已经有63年。在霞山区，这是一所非常有底蕴的学校，有着光荣的历史。这两年，在政府和上级领导的关怀下，我们学校的变化很大。我们这一届的学生可以说对学校的变化感受是最深的。你们很多人应该还记得以前学校破旧的样子，现在，我们的校园在霞山区都可以说是数得上号的。我们的运动场、我们的新教学楼、我们的新教学平台，让很多人都羡慕；我们的老师、学生参加各级比赛也是频频获奖，比如我们的李少琼主任，两次代表湛江市参加广东省的比赛，都取得了优异的成绩；我们的麦燕怡老师的课例获得全国一等奖……我们还有一批经验丰富的教师，在三尺讲台上辛勤耕耘、默默奉献，比如教历史的汪存有老师、教化学的庞水群老师、教物理的彭玉华老师、教政治的苏伟凤老师……他们都是经验丰富、久经沙场的老将。我们这些老师天天为大家这么辛苦，目的是什么？我们学校的150多位老师都有一个共同的心愿：把我们学校建设为霞山区乃至湛江市、广东省的名校。

学校要成为名校，最关键的是学生。学生的成绩好、素质高，说明学校的教育是成功的。我认为我们2019届的学生素质是非常高的。我们的地理会考成绩已经为我们学校创造了新的历史。现在离中考还有100天，100天，充分利用好了，能做成很多事。4月，我们要迎接体育考试，6月，我们要参加中考的决战！希望我们全体同学，能充分利用这100天，用好这分分秒秒，争取在考场上考出更优秀的成绩，为学校创建名校贡献自己的力量，为自己的前程打下坚实的基础，做名校的创建者，做问心无愧的自己！这是家长对大家的嘱托，是老师对大家的期望，是学校对大家的要求。

同学们，中考正朝我们走来，让我们用考前的100天，做好充分的准备，迎头踏步向前，打赢它！

创建名校，需要家长大力支持

各位家长：

大家晚上好！很感谢大家百忙中到学校来参加本学期的家长会。今天，我讲话的主题是，创建名校，需要家长大力支持。

这学期的家长会跟以往有两点不同。第一，以往我们都是一到八年级一起开，这学期，我们分两个年级段来开，今晚开的是1~4年级，明天晚上开的是5~8年级。第二，以往我们都是直接在教室里开，这回先在球场上集中开，再回到各班由班主任、科任老师跟大家做交流。之所以这样安排，是想将家长会开得更加有效果，是学校有重要的事情要跟大家交流。

今晚的会议，我要跟家长说两件重要的事情。

第一件重要的事情是，郑重向大家介绍我们学校新的领导班子。刚才赖主任已经向大家介绍了他们的职务，但我要说得更具体一些。

2017年9月26日，霞山区组织部调整了学校的领导班子，我们学校来了一位新的书记、一位新的副校长。

原来在学校工作的官书记、吴副校长，在为学校做出了突出贡献后，根据工作的需要和组织的安排，调到其他学校工作了。我们感激、铭记每一个为学校做过贡献的人。

我要跟大家说的第二件重要事情是，学校为什么要严格管理校门？

家长应该已经留意到：近日学校的校门有了一些新的变化，我们在校门口到马路这片区域画上了醒目的黄色格子。很多家长都很聪明，一看到这些黄色格子，就知道什么意思，知道黄色格子的范围是禁停区域，接送孩子的时候就自觉不在禁停区域内停车，做得非常好，给孩子树立了很好的榜样。但是，还是有些家长可能是不明白黄色格子的意思，可能是习惯了，也可能是时间太紧，依然将车停在禁停区域内，还有一些家长将车停靠在摩托车车道的旁边，在不安全的地方让孩子下车，等候孩子的时候聚集在不安全的地方聊天。这些做法都给孩子做了很坏的示范，我们必须将这些不良的行为纠正过来。

有些家长不理解，说："校长，你教孩子就是了，还管我们家长干什么？为什么要严格管理校门？"

为什么要严格管理校门？我在这里告诉大家：因为我们学校领导班子、我们全校老师决心把我们学校建设为湛江市的名校！

创建名校，与严格管理校门有什么关系呢？

校门是学校的门面，是展示学校、学生和家长的最佳阵地。我们要好好地利用这个阵地，将我们学校的底蕴、内涵展示出来。

大家应该看到，很多学校的校门口，一到上学、放学的时候都是非常拥堵的。一个学校的校门口交通混乱，存在安全隐患，与名校的名气是极不相称的。校门口的交通拥堵在极大程度上是家长造成的。我这样说，有些家长听了可能不舒服，但大家认真想一想：如果不是家长的车停放位置不对，校门口会拥堵吗？学生进出会堵到校门吗？

上周五，我们学校召开了全校的学生家长委员会。在会上，我就学校大门口的管理向委员会的成员做了说明，星期六、星期天，我们在学校门口画上了黄色的网格，这周星期一，在全校的升旗仪式上，我对全校的学生说明了黄色禁停区的意义，要求学生回家和家长说清学校的要求。这两天，学校门口的交通秩序好了很多，家长在等孩子放学的时候，基本不再将车停在禁停区内了。很感谢各位家长对学校工作的支持。但是，还存在一些小问题。

第一，个别家长还是将车停在禁停区内，虽然人数不多，但还是有。

第二，停在等候区内的车辆摆放不够整齐，对来得晚的家长想将车放在等候区内时造成了不便。

第三，极个别家长还是将车停在摩托车车道的旁边，阻碍了道路交通。

为规范学校门口的交通管理，现对全体家长提出以下要求。

首先，不在禁停区内停车，不在摩托车车道、自行车车道上停车，将车停到安全位置，将车辆摆放整齐。

其次，坐在车上等孩子的家长，请注意自己的姿势。

今天晚上，大家在学校老师、志愿者的引导下，在合适的位置将车停得很整齐，既方便了自己，也方便了他人。今后，我们的家长在接送孩子的时候，也像今晚这样摆放车辆。接送孩子的家长多数是小学部的，1到4年级的更是占了绝大多数。我们1~4年级的家长都将校门口停车这件事情做好了，我们的校门基本就管理到位了。所以，请到会的家长，今晚回到家，也和家里的人说清楚：学校正在努力创建名校，我们先从学校大门的交通管理做起，大家都一起来支持学校的工作。从明天开始，我们将派出志愿者，引导家长合理、安全地停车。如果我们的老师、学生跟您交流，请您多理解、支持。

亲爱的家长们，将看起来简单的事情做好，做到极致，也会成为一道美丽的风景。如果家长在接送孩子的过程中都表现出良好的素养，这就是为我们的孩子做出最好的示范，摆放整齐的电动车、摩托车就会成为湛江创建文明城市的一道亮丽的风景，就是我们学校最好的广告：告诉过往的人，这所学校的家长是非常有素质的，这所学校管理是很到位的。因此，学校每一项工作都做得非常到位了，自然就是名校了。

创建名校，需要得到家长的大力支持。在这里，我要提醒我们各位家长：不要习惯用旧的眼光、用刻板印象去看一样事物。比如说到名校，我们会习惯说湛江市第七小学、湛江市第十二小学、某某初中、某某高中是名校，但你没有说我们学校是名校。我们必须承认，湛江市第七小学、湛江市第十二小学小在霞山区市民的心目中地位比较高。但是，我提醒我们学校的全体家长：以后，你与其他人谈起霞山区的学校，在你按照以往的印象说了几所学校后，请你不要忘了补上一句，用非常自信的语气补上一句：湛江市第二十四中学也很不错！我们暂时低调点，不说"湛江市第二十四中学是名校"，但我们不要忘了说："湛江市第二十四中学也很不错！"

现在，我将这句话说三遍，大家可以在心里跟着我一起说：

湛江市第二十四中学也很不错！

湛江市第二十四中学也很不错！

湛江市第二十四中学也很不错！

名校的排名不是一成不变的。这几年，我们学校在全体师生、家长的大力支持下，励精图治，各项工作都取得了优异的成绩，与名校的差距越来越小了。

校园变化：6000 m^2 的运动场，200 m的塑胶环形跑道，人造草足球场，学校是全国青少年足球特色学校。学校拥有开阔的运动场地，能满足学生体育锻炼的需求。我们学校的运动场是学生成长的乐土，是学校的骄傲。大家要知道，现在全国很多地方学生的体质都在下降，这问题已经引起了国家的高度重视，体育分数已经纳入中考成绩，由开始的30分、50分提高到现在的70分，据说在不久的将来，还将提高到100分，高考也可能要考体育。可以说，没有足够的运动场地、设施的学校，是先天不足的。我们学校，在这方面可以说有得天独厚的优势。

新的教学楼投入使用，功能室齐全，教室充裕。霞山区教育局支持我们建录播室、机器人实验室、3D打印室和书画室。明年上半年这些项目都将投入使用。录播室：老师、学生上课可以现场直播，您可以在家用手机就能看到您的孩子在学校上课的现场直播。

2016年，我校8位教师参加霞山区高效课堂教学竞赛，有4人获得一等奖，4人获得特等奖。其中，彭晓兰老师获得地理科的第一名，代表霞山区参加湛江市比赛获得二等奖。

2017年，廖秀婷、麦燕怡、李少琼老师代表霞山区参加湛江市青年教师教学技能竞赛均获得一等奖。其中李少琼老师获得第一名，今天，她正在东莞代表湛江市参加广东省的比赛。

我们学校有一批经验丰富、敬业爱岗的老教师。近年，又分配来了十几位青年教师，这些青年教师工作积极，素质非常高，很快就凭自己的努力赢得家长的认同。这学期，我就多次听到家长对我说："校长，教我孩子那个班的老师很不错，我的孩子很喜欢上她的课！"

各位家长，我从去年起参加了广东省的骨干校长培训，有机会与一些湛江市内、广东省内的优秀校长共同学习。在培训的过程中，我也在不断地进步，我也在思考一个问题：我们该怎么发展，依靠什么发展？

今天，我要告诉大家：我们发展的总目标是创建名校。创建名校，我们靠党和政府对教育的重视，靠优越的校园环境，靠学校这支敬业爱岗、富有爱心和奉献精神的教师队伍，最重要的是靠全校学生家长的大力支持。

在我们创建名校的过程中，难免也会出现一些问题，比如有个别家长认为老师对自己的孩子关爱不够、学校某些方面的管理需要改进、老师的教育方法效率不高等问题，我们不回避这些问题，相反，我们高度重视这些问题。遇到问题，我们家长、学校好好沟通，妥善把问题解决，以推动我们学校继续向名校的目标奋进。

当然，创建名校不是一朝一夕就能做到的，需要我们坚持不懈、持之以恒地努力，需要我们脚踏实地、扎扎实实地将每一项工作做好。我坚信，在各位家长的大力支持下，湛江市第二十四中学必将成为名校。

谢谢大家！

家长会发言稿

各位家长：

今天，我们在这里召开一至四年级学生的家长会。首先，我代表学校对大家的到来表示热烈的欢迎，对大家对学校工作的关心表示衷心的感谢！

我们今天的会议分为两个阶段：先是全体集中，学校将一些关系到孩子今后发展的政策、学校的发展方向和大家说明；然后大家再回到教室，由班主任、科任老师汇报孩子所在班级的近况，大家和班主任、科任老师进行交流。

现在，先由我向大家就相关的政策、学校发展的规划向大家做一说明。我今天讲话的关键词有以下几个。

教育改革、高考、中考、发展。

有些家长可能会说：韩校长，我的孩子现在才一年级，你就跟我讲中考、高考，是不是早了点？

一点不早，如果我现在不和大家说清楚这个问题，那就是我的失职；如果我说了，您作为家长没有引起重视，那就是您的失误，而这失误，就可能误了您孩子的前途。

我们国家于1977年恢复高考，到2017年已经整整40个年头。这40年，是教育发展的40年，也是国家高速发展的40年。

以前我们解决温饱就感到高兴，现在我们要在解决温饱的前提下追求更美好的生活。

教育是为社会的发展服务的。在今后的10年，中国的教育将面临深刻的变化。

今后的高考，不仅仅看分数。那高考怎么录取？教育部最新的说法如下。

分类考试、综合评价、多元录取！

分类考试、综合评价、多元录取！

分类考试、综合评价、多元录取！

重要的事情说三遍！

对于培养单位高中来说，就是打破文理分科；对于接受单位高校来说，就是探索录取方式；而对于所有学生而言，就是综合评价、素质教育。

那什么是综合评价？综合评价是怎么操作的？

教育部文件对学生的综合素质评价做了以下规定：综合素质评价内容包括学业水平、艺术素养、思想品德、身心健康和社会实践五项。

一是学业水平。重点是学业水平考试成绩、选修课程内容和学习成绩、研究性学习与创新成果等，特别是具有优势的学科学习情况。

二是艺术素养。重点是在音乐、美术、舞蹈、戏剧、戏曲、影视和书法等方面表现出来的兴趣特长，参加艺术活动的成果等。

三是思想品德。重点是学生参与党团活动、有关社团活动、公益劳动和志愿服务等的次数以及持续时间。

四是身心健康。重点是《国家学生体质健康标准》测试主要结果，体育运动特长项目，参加体育运动的效果，应对困难和挫折的表现等。

五是社会实践。重点是学生参加实践活动的次数和持续时间，形成的作品以及调查报告等。

综合评价强调高考成绩、学考成绩、校考成绩相结合，按照一定比例折算之后录取，因此校考考核内容就尤为重要。大部分学校的校考都是考查学生的综合能力，包含知识水平及各个方面素质，而对于欠发达地区的学生而言，师资力量远不如他人，见闻没有他人广博，兴趣特长没他人那么精专，在综合评价中自然会受到一定的影响。

国家政策的大方向定下来了。作为学校领导，我们必须思考一个问题，这个问题也是我们家长必须思考的。

为了我们学校的学生，为了大家的孩子今后在高考中能脱颖而出，我们该做些什么？

综合评价学业水平、艺术素养、思想品德、身心健康和社会实践这五个方面。学业水平就是考试成绩，我们会一如既往抓好孩子们的学习，夯实他们的基础。思想品德、身心健康我们一直在关注。对很多家长来说，艺术素养和社会实践是两样相对陌生的东西。

为了提升学生的艺术素养，结合实际情况，我们学校开办了一些社团，有管乐、合唱、书法、围棋、写作、足球、羽毛球和语言艺术（主持人）等。这些社团，极大丰富了学生的课余生活，也为提升学生的艺术素养、综合素质打下了基础。

刚才，大家已经欣赏了学校管乐团的演出。我们这个管乐团成立时间还不到一年，能有今天的水平，已经是很不容易的了。再过两年，我要带着他们到广州比赛，三年后，我们学校的管乐队到北京表演甚至出国表演，也是水到渠成的事。

目前，我们的管乐队已经有了50多名成员。现在，我们准备在三年级再招募一个班的乐队成员，新的成员下个月开始训练，到明年9月升四年级时，组合成一个乐器班。

今后，我们计划每到四年级，就设立一个乐器班。将学习乐器的学生集中在一个班管理，在人力、物力方面都给予充分的保障。

为什么学校要下大力气组建一支乐队？一所名校，除了各项工作做得扎实，学生成绩好，还需要一块招牌，而我们学校的管乐队就是学校的招牌。乐队的成员都是学校的精英，是经过精挑细选的，是学校的骄傲。

学习乐器对孩子的成长是非常有帮助的，不仅能使孩子获得愉悦，还能给孩子带来多个方面的益处，无论是数学、阅读、认知能力、批判性思维还是口语技能都是相得益彰的。

学习艺术还能提高学生的学习主动性、专注力、自控力、自信心和团队合作能力，使孩子与环境发生更深层次的联系，从而开阔视野，获得人生的幸福感。

前面我们说的考大学需要对学生进行综合评价，综合评价的第五点是社会实践。参加乐队的学生，平时参加演出，就是参加社会实践。

学习艺术是需要一定的经济投入的。我们学校的管乐队目前由外聘老师负责训练，每周训练4个下午，每个下午3节课。

为了激发孩子们学习乐器的兴趣，计划在一到三年级招募学生学习葫芦丝。像葫芦丝这样的乐器有个好处是入门比较容易，一、二年级学会吹葫芦丝以后，到三年级再学铜管乐，就很容易上手了。学习葫芦丝，我们计划是用在校时间学习。一、二年级学生有时第四节就放学，我们用上午第四节的时间来学习，家长就不用专门接送孩子。

为了孩子的前途，为了孩子将来参加高考不吃亏，希望各位家长都好好领会一下国家关于教育的文件精神，创造条件，让孩子学习一种艺术特长。

接下来说说学校的发展。大家进到学校，可能会感受到，我们的校园与上学期相比又有了新的变化：我们的操场变得更加平整了，校园变得更加漂亮了，这是外在的变化。还有一些内在的变化，这些内在的变化就是我要向各位家长介绍的：我们的教育教学工作做得更加踏实了，成效更加显著了。10月份，我们学校进行了校内同课异构竞赛，85%的老师都积极参与，其中，陈红丹老师参加霞山区青年教师教学竞赛，获得全区第二名，被评为一等奖。近期公示的霞山区名师工作室，我校有谢宏卫副主任、李少琼副主任、麦燕怡老师成为霞山区音乐、综合实践、初中语文等课程的名师工作室的主持人，学校的很多青年教师已经成长为在霞山区教育系统内有影响力的教师。我本人也成为霞山区名校长工作室的主持人。

10月29日，霞山区教育局局长、分管教育的副区长、专门到学校来视察工作。他们工作那么忙，为什么还挤出时间到学校来？他们来的目的，就是来帮学校再建一栋综合楼。上级为什么愿意将钱投到学校来？因为学校的工作做得实在，产生的社会效益好。

近年来，上级投入学校的建设经费是非常多的。上级领导为什么这么关心、重视学校？因为在区领导的心目中，学校的定位是很高的，他们要将我们学校建设为霞山区的名校。

讲了这么多，现在总结一下，我今晚讲话主要有两层意思。

第一，为了孩子将来的发展，尽可能让孩子学一门艺术特长。

第二，名校的建设需要家长的大力支持。在大家的支持下，我们学校必将成为湛江市乃至广东省的名校。

做让父母放心的孩子

同学们：

慈母手中线，游子身上衣。临行密密缝，意恐迟迟归。谁言寸草心，报得三春晖！孟郊的这首《游子吟》，读来让人感慨万千。还有句俗话是这样说的：养儿一百岁，挂到九十九！也将父母对孩子的关爱、牵挂抒发得淋漓尽致。

父母为了我们，为了家庭，付出这么多，我们能不能做些什么，减轻父母的压力？能不能做个让父母放心的孩子？

怎样才能做个让父母放心的孩子？我认为最基本的就是每天坚持做好自己该做的事。我们是学生，我们每天都应该做的事是什么？是学习！对，父母对我们最大的期望，就是要求我们努力学习。

同学们，现在，我们回过头来，想想自己上个学期期末考试的成绩，问问自己：我每天都努力学习了吗？如果我每天都努力，我的成绩会不会好一些？

同学们，这个学期，我们学校主要的工作就是转变校园的学风，也就是要求同学们养成良好的学习习惯。基本要求有以下三点。

一是背书包早到校。

二是到学校就进教室读书。

三是按时完成每天的作业。

以上这三点要求，学校将循序渐进、一点一点地抓，开学这两周，我们先抓第一、第二点，大家只要背书包早点到学校，到了学校早点进教室读书就行。第三点，我们用一个学期来抓，期末看效果如何。

可能会有学生说："校长，这三点很简单啊，我能做得到！"同学们，一个人做得到不难，一部分人做得到也不难，如果我们全校的学生都能做得到，那我就可以自豪地说："我们湛江市第十四中学是湛江市一流的学校！"

做到了这三点，我们就可以说，我是能让父母放心的孩子！

同学们，国家的建设，需要一代又一代的建设者前赴后继地投入。我希望大家同时也要努力成长为让国家放心的孩子。

父母永远是我们的依靠，但是，我们必须明白：我们的父母终将会变老，等我们的父母老了，我们就要成为父母的依靠。

同学们，让我们从今天开始，抓紧分分秒秒，努力学习，积极进取，长大后，成为栋梁之材！当我们的父母年迈之后，我们可以淡定地说："爸爸、妈妈，我是你们的依靠！"当祖国母亲需要我们挺身而出时候，我们可以说："祖国，我是可以让您放心的孩子！"

以上是我今天国旗下的讲话，也是开学第一课的内容，题目是"做让父母放心的孩子"。谢谢！

为学校更美好的明天而努力

各位敬爱的老师、亲爱的同学们：

度过了一个愉快的暑假后，我们迎来了新的学期。在这秋高气爽、阳光明媚的日子里，我们全校师生又欢聚在一起，举行新学期的开学典礼。这学期的开学典礼比以往的开学典礼多了一项内容，就是我们学校教学楼落成启用仪式。

现在，走进我们的校园，很多家长都由衷地感叹：这校园真宽敞啊！这校园真美啊！真没想到，学校的校园这么美！是的，不但很多家长没想到，5年前，连我也不敢想象，今天的学校会变得这么美！

高年级的学生肯定还记得，以前，我们学校是分为两个部分的，这边是中学部，现在的运动场，以前是小学部。以前的小学部是什么样子的呢？5年级以上的学生应该还有印象。以前的运动场南边，有一栋3层的教学楼，非常破旧，天花板上的水泥块经常掉落下来，许多钢筋都裸露出来了。运动场的西边是一栋两层楼，每次刮台风，都摇摇欲坠，让人胆战心惊。就在升旗台的两边，是两排红色的平房，因年久失修，只能用作仓库……当时，我常常想：我们的学校，什么时候才能变得更加美丽呢？

从2012年开始，我的梦想慢慢变得真实起来，我们现在建起了一栋新教学楼，接着，拆除了小学部的两栋破旧的危楼，建起了有人造草足球场、环形跑道和篮球场的运动场。去年，我们拆除了旧食堂，又建了大家眼前的这栋新楼。这两栋楼其实是一个整体，分为两期建设，称为学校的

3号楼。今年暑假，我们又将中学部2号楼5层这部分进行了修缮，2号楼也变得比以前漂亮了。现在，大家可以看到，学校的校园同以前相比，真是发生了翻天覆地的变化。这就不难理解，为什么这么多人进到我们的校园都会感慨地说：学校的变化实在是太大了。

我的梦为什么能变成现实？是因为党中央对教育的重视，是湛江市政府和霞山区政府对教育不断加大投入的结果。当然，还有一个原因，就是我们学校的教师队伍是一支值得信赖的队伍，我们学校是一所非常有潜力的学校。所以，霞山区政府才会不断加大投入，建设学校，目的就是将学校打造成我们霞山区的窗口学校。同学们，从2012年到现在，霞山区政府投入到我们学校的建设经费已经接近1500万了。

接下来，我们还将在霞山区委区政府领导的关心、支持下，继续改善我们的办学条件：我们将继续修缮3号楼3层楼这部分，目前，校园的水泥地板只翻修了一部分，我们将争取资金，将剩余部分翻新，直修到马路边。两栋教师宿舍也将进行修缮，以让我们的老师，在辛苦工作一天后，能休息得更好一些。最后，我们将加大校园文化建设的力度，美化绿化校园，让校园处处充满书香气息，让人一进到这里，就觉得这里是个学习的好地方。

同学们，党和政府这么关心我们，为了学校更美好的明天，我们该做些什么呢？

第一，我希望大家要提高安全意识，认真做好安全工作。安全是学校工作的前提条件，做任何一项工作，我们首先要考虑的就是安全问题。为了安全，我们要时时处处都注意并用心排查安全隐患。上学放学注意交通安全，在校内不追逐打闹，提高安全意识，防范事故发生。

第二，我们要加强锻炼身体。身体是革命的本钱。青少年时期是身体生长发育的黄金时期，我们要好好利用学校的运动场地和设施，锻炼身体，为将来投身建设祖国的事业、建设充满魅力的湛江，挣足革命的本钱。

第三，我们要努力学习，争取好成绩。书山有路勤为径，学海无涯苦作舟。学习，不是一件轻松的事，需要我们刻苦努力，才能攻克一道道难关。我相信，我们学校的学生都是非常聪明的，我们有能力完成各项学习任务，取得优异的成绩。

第四，我们要不断提高自身的综合素质。在拥有强健体魄、丰富知识的同时，我们还要不断提升个人的修养。一个有涵养的人会让与他交往的人感到非常舒服。一个有涵养的人会有更多成功的机会。我们湛江市正在创建全国文明城市，希望作为湛江市的一分子，你能凭自己的修养，为湛江市增添光彩。

老师们、同学们，我们学校正面临着非常好的发展机遇。学校美好的明天，需要你、我、他共同来建设。学校美好的未来，有他，有你，有我。

现在，我宣布：我们学校教学楼（第二期）工程顺利建成，通过初步验收，今天，正式投入使用。

为了心中的那份教育情怀

各位领导、同行：

今天是个喜庆的日子，在教育局领导及各位同行的关怀、支持下，举行我校"三名"工作室的揭牌仪式。

承蒙领导、同行的厚爱，霞山区教育局批准我校筹建3个工作室，分别是李少琼副主任的综合实践课程名师工作室、麦燕怡老师的初中语文名师工作室，还有我本人的霞山区名校长工作室。

这些年，在上级领导的关心、帮助下，我们学校的校园文化建设和教育教学等方面的工作都取得了一定的成绩，我们的中青年教师也在茁壮成长，其中李少琼、麦燕怡和谢宏卫等同志的表现尤为突出，他们在工作中发挥党员的先锋模范作用，为学校的发展做出了突出的贡献。李少琼副主任曾两次代表湛江市参加广东省的竞赛：2014年参加广东省班主任能力大赛，获得三等奖；2017年参加广东省青年教师综合实践课程竞赛，获得全省第五名。麦燕怡老师在教研室符老师和区内初中语文兼职教研员的指导下，教学水平也提高很快，录像课例获得全国一等奖，在湛江市内上了示范研讨课。谢宏卫副主任平时注意钻研、积累，2017年申报的区级课题在霞山区内第一个结题，在全区会议上做了经验介绍，作为湛江市小学音乐名师工作室的主持人，扎实的工作得到了领导的肯定，他个人的专著也即将发行。

这些青年才俊是我们的骄傲，是我们的希望！他们和在座的一样，都是有教育情怀的人。当然，他们还有很多不足，还有很大的提升空间，还需要不断地锤炼，需要大家继续支持、关爱。

今天要揭的三块牌子，有一块是我的名校长工作室的牌子。在霞山，要说校长排名，我只能敬陪末位。我之所以斗胆把这块名校长工作室的牌子扛回来，是我们敖主任的一番话打动了我。是的，霞山初中、高中的校长还有部分小学的校长都曾无私地给我非常大的帮助——

我忘不了自己刚任校长时内心的惶恐，那时，是很多领导向我伸出温暖的手，帮我渡过一道又一道难关。我忘不了房敏校长和我交接工作时对我说："学校没有欠债，账上还有50多万……今后，学校就交给你了，好好干！"他说这话时，眼里饱含着信任、期望。后来，我才知道，房校长在得知调令后，就想着把钱省下来，给下任领导把路铺平一些。有一次工作中遇到了麻烦，我心里忐忑不安。湛江市第十二中学的黄强校长像个老大哥一样，拍着我的肩膀说："小韩，我们当校长的，就得承受很多压力。我们不惹事、不怕事，事主动来找我们了，我们就谨慎处事！"

名师工作室是一个平台，名师工作室主持人是一项荣誉，更是一份责任、一份担当。我们珍惜荣誉，我们勇于担当，因为我们的内心有一份教育情怀。在这份情怀的驱动下，我们在教育战线上风雨同舟、无怨无悔。因为心中的这份教育情怀，我们走到了一起，我们将在"三名"工作室这个平台上，继续努力奋斗，为霞山教育添砖加瓦，谱写新的篇章。

主动适应，主动对接，为霞山教育的发展夯实基础

今天，参加了我们霞山区教研室组织的业务学习，感受很深。这样的学习对于像我这样经验不足、才疏学浅的校长来说，是难得的提升自我的机会。所以，在这里，首先感谢教研室的同志，感谢他们精心组织，为我们提供了这么好的学习机会。

今天观看关于普通高中课程改革的视频，张绪培组长在《普通高中课程方案的主要变化和突破》中说明了"学科核心素养"在教学过程中的重要地位及其对教学的引领作用，指出今后的教育要适合学生的发展，课程更有弹性，高考录取方法趋向多元。崔允漷博士告诉我们如何在这场意义深远的教育变革中凸显核心素养的地位，让学科核心素养在学生身上留下烙印，帮助学生逐步形成关键能力、必备品格和正确的价值观念。

听了这些领导、专家的讲话，内心很振奋，也有些担忧。下面谈谈个人的几点感受。

一、深刻领会，主动对接

振奋的是党和国家对教育的重视，把教育摆在了前所未有的高度。同时，党和国家也清楚地了解目前教育存在的问题，并提出了具体的措施及要求，为教育指明了方向。

作为九年一贯制学校的校长，应该积极主动地与高中教育的要求对接。从现在开始，从小学一年级开始，将学科核心素养的理念贯穿到学校的每一项教育教学工作中，为学生高中阶段的发展奠定基础，为学生一生的发展奠定基础。

二、对困难要有充分的心理准备

目前担心的是，面对已经开始的深层次的改革，我们如何面对，能否适应，我们该怎么办。

高考的录取方法趋向多元，育人的要求也从"划一"转向"可选"。在"划一"的时代，我们可以将有限的财政、师资集中应对教育的需求。要做到"可选"，就要满足学生选择的需求。

教育牵涉到方方面面。在具体操作过程中，我们肯定会遇到各种各样的困难，对此，我们要有充分的心理准备。

三、要有霞山的教育自信

办法总比困难多。作为霞山教育的一员，我们也要有霞山的教育自信。"五区同招"政策实施后，霞山区内5所高中的录取分数暴涨，小学学位一再增加还是异常紧张，这些事实都充分说明了霞山教育在湛江人民心目中的地位。

面对改革带来的困难和挑战，我们应该有信心将工作做好，给霞山区、湛江市人民提交一份满意的答卷。

第一，我们要挖掘师资潜力，整合全区的力量，共同面对教育改革带来的困难。县管校聘工作正在进行，这对霞山区内师资力量的整合是难得的契机。我们霞山区教师队伍的战斗力是非常强的，是经得起考验的。这些年，霞山区老师的待遇并不比其他区的好，但是教学质量、高考成绩每年都在进步。以我们学校为例，在学校推进学生社团建设的过程中，很多老师积极参与，发挥自己的聪明才智，把社团活动搞得红红火火。我校首个省级课题"利用班团队资源开展综合实践活动的校本实践研究"，老师都积极参与，哪怕不是课题组的成员，也希望在参与过程中学到开展课题研究的方法。老师队伍蕴藏着巨大的能量，将这些能量调动起来，足可应对教育改革中遇到的困难。

第二，可以充分利用社会资源，补足学校短板。改革后的课程，要求给学生更多的选择，学校的师资难以满足教学的需要，可以尝试利用社会资源来补足学校的短板。如现在有些大学设有书法系，这就让喜欢书法的学生在高考时多了一个选择的机会。但学书法考大学，不可能到高中才开始学，应从小开始练习才有竞争力。一般的小学、初中极少有水平高的书法教师，为解决这样的难题，我们可以利用《广东省教育厅关于做好中小学生校内课后服务工作的指导意见》提供的政策，与社会机构合作，为发展学生的兴趣提供平台。

改革的号角已经吹响，我将和学校的全体老师一道，在上级领导的关心下，虚心向兄弟学校学习，主动适应，主动对接，争取为霞山教育做出应有的贡献。

一颗红心永向党

各位敬爱的老师、亲爱的同学们：

大家早上好！新的学期开始了，在这里，我上新学期的思政第一课，题目是"一颗红心永向党"。

新的学期，走进校园，大家肯定发现校园有了新的变化：我们学校多了6个班的一年级小学生，9个班的七年级新学生，还新增了二、三、四年级各一个班的新学生。这学期，共有约2000名学生在湛江市第十四中学这美丽的校园里学习。比上学期多了约350名学生。之所以能扩大办学规模，是因为党和政府用实际行动解决了学校周边适龄儿童入学难的问题。昨天，有个家长老爷爷送他的孙子来学校注册，看到我们这美丽的校园，感慨地说："党和国家重视教育，我们的孩子才能在这么美丽的校园里学习。现在的孩子可真幸福啊！"

同学们，其实，我们日常生活中的很多事情，都是与我们的党息息相关的。

为了让大家有更好的学习环境，党领导下的政府，准备投资15000万元，在学校建设一栋11层高的霞山区文化新馆，再投资3200万元，建设一栋7千平方米的教学楼。这两个项目已经进入设计阶段，预计年底可以动工。等明年或者后年，这两个项目都完成后，我们湛江市第十四中学将成为霞山区最美的九年一贯制学校。党的关怀，犹如春雨，随风潜入夜，润物细无声。在党的关怀下，我们湛江市第十四中学会越来越美好。

党的阳光，照耀着霞山，照耀着湛江，照耀着祖国的每一寸土地，温暖着每一个中国人的心。我们伟大的中国共产党，一直秉承全心全意为人民服务的宗旨，她带领我们建立了中华人民共和国，带领我们搞改革开放，建设社会主义强国。同学们，你们是国家的未来，民族的希望，我们的国家正在飞速发展，同时，也面临着巨大的挑战。身为中华儿女，我们要一颗红心永向党，听党的号召，长身体，学文化，争取早日成为建设祖国的栋梁之材。用我们的双手，建设更强大的中国，建设更美好的生活。

祝大家学习进步，祝老师工作顺利！

书画展致辞

天时人事日相催，冬至阳生春又来！

各位领导、嘉宾，亲爱的老师、同学们：岁末年初，大家的工作都非常忙，感谢大家百忙中亲临湛江市第十四中学参加程传煜、李华安书画展。大家的到来，让我们倍感温暖。

湛江市第十四中学创建于1964年，已有近一个甲子的历史，为霞山区的教育培养了许多人才，为霞山区的建设做出了应有的贡献。今年，根据霞山区区委区政府的统一部署，我们改制为九年一贯制学校，校名由"湛江市霞山职业高级中学"更改为"湛江市第十四中学"，结束了服务中职教育的历史使命，重整行囊，调整步伐，全心全意为霞山义务教育奉献力量。

转制之后，如何推动学校发展？这是摆在新十四中人面前的一个新课题。面对转制带来的人员超编、师资结构性缺编和经费短缺等一系列问题，我们湛江市第十四中学全体教职工，在学校新组建的领导班子带领下，齐心协力，埋头苦干，决心一步一个脚印，走出新十四中发展的新路子。

湛江市第十四中学有一个以吴华春老师名师工作室为主体的高水平的美术书法教育团队，这是湛江市霞山职业高级中学留给我们的宝贵财富之一，综合考虑党和国家的教育方针，中央提出的"四个自信"要求，以及学校的师资场地、学生的家庭情况，我们计划打造美术、书法教育的品牌，推动学校的发展。

要打造一个品牌，困难是非常多的。让我们感激的是，有以程老为代表的社会各界人士对教育的热心，是他们在我们前进的路上，助我们一臂之力。对于书法的鉴赏，我是外行。但是我还是能从程老的作品中感受到他对中华传统文化的热爱，他对祖国母亲的情怀，他对改革开放道路的坚定信念。老骥伏枥，志在千里，吾辈更当自强。

2021年，国家第十四个五年计划即将开始实施，湛江市第十四中学也将飞速发展。我们将新建一栋教学楼，区里还计划在这里建霞山区的文化新馆，将文化新馆于十四中进行整体打造。五年之内，十四中必将崛起。感谢程老，感谢各位领导、嘉宾，感谢每一个关心、支持湛江市第十四中学发展的人。相信在大家的帮助下，我们的蓝图将很快变为现实。

我爱读书

在校园里，经常会听到老师责问学生："你来学校，难道不是为了读书吗？"每当听到这样的责问，就不由得脸微微一红，暗自提醒自己：该读书了。作为教育者，不但需要多读教育、管理方面的书，对于学生喜欢读的书，也得拿来读一读。《老夫子》《乌龙院》《呆头》曾给学生带来很多欢乐，现在已被学生视为古董，他们课间谈论的是《斗罗大陆》《航海王》。

歌德说："读一本好书，就是和一个高尚的人谈话。"为提升自己，常挤点时间来读书很重要。卢梭的《爱弥儿》、黑柳彻子的《窗边的小豆豆》、李镇西的《幸福比优秀更重要》都曾触动心灵，加深自己对教育的理解。但是现在的时间往往碎片化，阅读也随之碎片化。安安静静地读一本书，竟然成了奢望。

"书山有路勤为径，学海无涯苦作舟"，希望继续读好书。

懂，才会爱

——读《窗边的小豆豆》有感

　　《窗边的小豆豆》这本书，在我女儿两岁时，就有位老师介绍给我，说这本书很值得看，还特意将书借给了我。当时我看了，但是感触不深。现在女儿都上六年级了，就快满12岁了，又将这本书从头到尾细看了一遍，感受跟以前大不一样了。

　　《窗边的小豆豆》的作者黑柳彻子是日本著名作家、著名电视节目主持人，书中讲述的是她上小学时的一段真实的故事。作者才读一年级，就因为身为"问题孩子"被退学，之后转学到巴学园，在小林校长的爱护和引导下，常人眼里怪怪的小豆豆慢慢变成一个大家都能接受的孩子，并奠定了她一生的基础。该书于1981年出版后，在全球引起极大的反响。1984年，作者因该书被任命为联合国儿童基金会亚洲历史上第一位亲善大使。

怎样看待"问题孩子"

　　看了这本书的第一章，感受就是，原来啊，"问题孩子"遍天下！小豆豆上一年级就被贴上"问题孩子"的标签。在常人看来，这孩子是怪怪的。单说她的理想吧，不想当科学家，不想当医生，不想当首富……小豆豆有自己的理想，用她自己的话说就是："我长大了呢，要做一个卖票的人！"原因是看到卖票的人，在进站口收回大家的车票时，很有范儿！

"嗯，我还是两个都不做了，我要做一个宣传艺人。"妈妈听了孩子不断变换的理想，跟小豆豆说话的语调有几分绝望。

理想是什么？在孩子刚上小学的时候，让孩子谈理想，其实是很荒诞的。对一个行业根本不了解，就让孩子向着一个方向努力，这不是荒诞是什么。孩子还面临着很多选择的机会，这是他们的权利。不断变化，是一个又一个迷人的要素，组成了孩子多彩的人生。小豆豆看到什么就喜欢什么，就想成为什么样的人，其实是她对美好世界充满好奇的表现，是求知欲强烈的表现。但是，很不幸，这在大人眼里是"怪"。

一个孩子被贴上"问题孩子"的标签后，她所做的一切，几乎都被贴上了同一个标签。小豆豆转学前，老师将她的表现一一说给她妈妈听，连她妈妈听了，都觉得自己的孩子给老师添了很大的麻烦，影响了其他的孩子学习，为此很不好意思。小豆豆真的很怪吗？小豆豆画画，纸张不够大了，她就画到桌子上，桌子上留下的印痕擦不掉了，自然就会受到老师的批评。看到这里，连我自己都脸红了，我们总是按一定的要求去教育孩子，按一个模式去要求孩子，然后，到了一定时间，等孩子的思维形成定式后，我们这些大人，我们这些家长，我们这些教育行家，就开始给孩子讲如何创新、如何摆脱定向思维的限制——小豆豆与燕子说话，与从窗外路过的宣传演员打招呼，还叫他们表演……这些，都表明这是个思维相当活跃的孩子，一个思维不受客观条件约束的孩子，同时也是很多人眼里的"问题孩子"。

择 校

因为是"问题孩子"，小豆豆最后还是转学了，转到了巴学园，一所用废旧电车作为教室的学校，一个只有50多个学生的学校，一所偏远的学校，一所她喜欢的学校。在这里，她幸运地遇到了小林宗作校长。在自己喜欢的学校上学，有自己喜欢的校长、老师、同学，小豆豆就不再"怪"了，不再是问题学生了。这让我想到了择校的话题。

　　我们现在的家长，选学校首先是选硬件好的学校，而不是选适合孩子的学校。2016年，我校有29个空余名额，结果来了400多位家长报名，排队都排到了校门口外面去了。排在第一位的家长凌晨2点就到学校了。最后，经解释、引导，一些家长到其他学校报名了。经审核，符合抽签条件的孩子共有291位。1∶8的比例啊！作为校长，学校得到家长的认可，我心里自然是高兴的。但是看着排成长龙的队伍，我心里也在琢磨：这些家长，选择报读我们学校，原因是什么？是因为我们这几年的教育教学质量提升了吗？虽说2014年我们获得了霞山区教学质量进步奖，2016年中考在霞山区中排名第六名，但这些情况，家长应该是不太关注的吧？反倒是近几年，学校建了新教学楼、运动场，家长一进到学校，就感觉到学校的条件好了很多，这倒是经常听到家长议论的。又或者家长只是想让孩子进入一间公立学校读书……

　　如果我们现在有一间学校，像小豆豆的新学校一样，用6辆废旧电车作为教室，能招到学生吗？

听孩子说

　　"好不容易有人愿意听自己说话，这么好的机会，可不能错过。"

　　"小豆豆感到生平第一次遇到了自己真正喜欢的人！因为，从小豆豆出生后到现在，还从来没有一个人这么长时间地听她说话呢。而且，这么长的时间里，校长先生一次也没打哈欠，一次也没有露出不耐烦的样子。他也像小豆豆那样，向前倾着身子，专注地听着。"

　　小豆豆第一次与小林校长见面，小林校长和她谈了4个小时，或者说是小林校长引导小豆豆讲了4个小时的话。通过这样的交谈，小林对小豆豆这个新学生有了充分的了解，小豆豆也因此喜欢上了小林校长。我们都习惯了让孩子听自己说话，按自己说的去做。但我们曾几何时会想到孩子其实很想让我们听听他们的心里话。

　　我从来没有这样与学生说过话，我心里渴望有机会这样与学生说话。

但是，为什么我没有这样和学生说话的经历呢？义务教育的一校之长，应该能将学校半数以上学生的名字叫出来吧？如果能认识一半以上的家长，知道他们住在哪里就更好，可，我能做得到吗？

"能永远和这个人在一起就好了"。和小林校长谈完后，小豆豆心里是这么想的。可见，倾听孩子说话，对孩子来说是多么重要的一件事情啊！可我们已经习惯了对孩子说："你怎么总不听话！"我们没有意识到，我们也要听孩子的话，听孩子的话，对孩子的成长、对教育真的很重要。

"无论是之前，还是之后，再也没有一个大人这么认真地听小豆豆说话了。"

今后，我得像小林宗作校长一样，找时间与学生聊天，听听孩子怎么说，做一个听孩子话的校长，也要多跟学生说："你真是一个好孩子！"

在书的后记中，作者将自己同学长大后的情况简单罗列了一下，巴学园的孩子基本都成材了，事业上的成就有高有低，他们对巴学园都有着非常深刻的记忆，有着发自内心的感激——这，该是校长最根本的追求吧！

要教育好学生，首先要懂学生。懂，才会爱，才会以合适的方式去爱。

读李镇西的《幸福比优秀更重要》有感

幸福是什么？

怎样才算优秀？

达到优秀的目的是什么？是幸福吗？

优秀了，就一定幸福吗？

幸福，一定要优秀吗？

读了李镇西老师的《幸福比优秀更重要》，我试图变换着角色，从家长、老师、校长的不同角度，来思考这些问题。

女儿在我们学校读六年级，所以在当校长的同时我也是学校的家长。作为家长，自然有家长的喜怒哀乐。女儿的语文、英语成绩还好，但数学成绩不是很拔尖，数理思维能力不强，这成了她的苦恼，也成了我们家的苦恼。有一天，因为数学测验成绩不理想，妻子批评女儿，说她不用心学数学，女儿争辩说："我数学成绩不好，就不能开开心心了吗？我就要天天苦着脸了吗？"

妻子一度哑口无言，我却被孩子的话触动了：这话在理啊！我读书时英语不好，考及格得十分努力加九十分运气，英语是给我造成一些困扰，但是并不影响我总体的快乐啊！学校要求学生全面发展，但是又有几个人能真正全面发展？

不优秀或者说某个方面不优秀，这不能成为阻碍我们幸福的原因。当然，优秀是更容易幸福的，但不能因此说，不优秀就不幸福。优秀的标准不是统一的，幸福的体验也各不相同。可在现实生活中，我们很容易使用统一的标准来衡量事物。这给学生、家长、学校都造成了很大的困扰。当然，我也深知，李老师说幸福比优秀更重要，绝不是鼓励平庸，而是告诉我们，即使平庸，也要追求幸福，也能够幸福，也必须幸福！

从老师到名师的蜕变

学校去年分配来了5位青年教师，给学校带来了活力、朝气。一直想找个机会与青年教师谈谈教师生涯规划的问题，但是去年因为学位扩建任务的影响，一直没有机会静下心来考虑这件事。李镇西老师在他的书中谈到了校长对青年教师做示范、引导的问题，真是"踏破铁鞋无觅处，得来全不费工夫"。

李老师从他个人的经历总结出好老师的三条标准：课上得好，班带得好，分考得好。做到这三点，你在学校就有了立身之本。要由一名好老师提升为名师，还得多两个条件：能说、能写。

李老师说得很实在，虽然自己现在算不上名师，但回想自己的成长经历，很多东西都和李老师说的相吻合：在学校时，自己喜欢写点东西，曾经在报纸上发表过几篇"豆腐块"。上班第一年，到广东省湛江市遂溪县黄略镇许屋村的东站教学点教三年级，才教6个学生，三年级的课都是自己上，还兼全校的体育课，当时的体育课是采取复式班的形式上课的。总之那时年轻，精力旺盛，作业基本都是在课堂上改完。课余时间，自己多是看书，写点东西。有一天，自己睡过头了，学生跑到宿舍敲门，我才醒来。我以这件事为素材，写了篇几百字的《迟到》，投到《柳铁工人报》，发表后，校长看到了，打电话来问了这件事。我也没在意，一年后，校长叫我回校本部去上六年级的课，鼓励我继续写文章。有人说："让一位年轻老师上五年级的课，当班主任，很多领导的孩子都在这个班，他行不行啊？"校长说："我看过他写的文章，让他带这个班一点问题都没有。"其他人不说话了，但我知道，还是难免有人在等着看我的笑话，看校长的笑话。于是自己不得不铆足劲去备课、上课，不敢有一丝松懈。其间，学校运动会，我们班总分第一名。之后，我参加了霞山区青年教师教学比赛，并拿了个优秀奖。一年后毕业考试，两个毕业班中，我教的班成绩和各项指标都比另一个班好。校长在总结会上没多说，就一句话："我没看错人！"这就够了，我在学校站稳脚跟了。

每周一的升旗仪式，青年教师轮流在国旗下演讲，很多老师把这事看成负担。我想，既然推不掉，就争取做好吧！写了篇演讲稿，在升旗仪式上做了讲话。讲完后，校长过来说："不错，稿子写得不错，讲得也不错！"不久，学校少先队辅导员做调整，校长让我来接这项工作。

如今，自己也当校长了，在考虑学校中层领导的人选时，不也是考虑能写、能说的人吗？一个人如果没有一定的文字组织能力和沟通、表达、协调能力，学校能放心让他管理一个部门吗？

要成为名师，还得做到四个不停：不停地实践，不停地思考，不停地阅读，不停地写作。这是成为名师的前提，也是成为名校长的前提。参加省级校长培训班以来，通过同导师、同行交流，发现自己的管理、沟通、示范、引领等方面的能力都需要进一步提升。今后自己要向他们学习，努力缩小和先进的差距。

就这样，努力让自己更优秀，努力让自己更幸福！

第七章 **7**

我 的 课 堂

　　从教近30年了，一直和老师们奋斗在教学一线。2002年任副校长以来，一直坚持担任一个班的语文教学工作。之所以坚持，是因为内心喜欢。担任校长后，需处理的事务更多，工作压力更大。从某种角度来说，在学校里，校长其实是孤独的。只有走进教室，面对自己的学生，在三尺讲台上侃侃而谈时，我才感受到轻松、自在。也是在这个时候，我才更真实地感受自己存在的价值……坚持在课堂一线与老师交流，就能听到更多老师的心声，管理起学校，自己底气也足。

　　我担任一个班的语文教学任务，和其他老师一样，每年也坚持上一节公开课。上课的水平不敢说高，反正感觉学生还是很喜欢听我的课的。2014年，参加霞山区校长高效课堂竞赛，上的是诗圣杜甫的《石壕吏》，获得特等奖，又幸运地代表霞山区参加湛江市的竞赛，获得一等奖。

　　参加竞赛课是一个非常艰辛的过程。为了把课上好，得花大量的时间、精力去备课、磨课。现在网络上有声音说有些老师只会上竞赛课，但教学成绩并不好，反对磨课。对这样的看法，我是不认同的。对一个青年教师来说，经过几次磨课之后，他对课堂的结构、课的重难点、知识点的把握及课堂的掌控能力就会有明显的提升。这是帮助青年教师成长最有效的途径之一。作为学校领导，当本校有老师参加各类课堂竞赛时，我关注的重点并不是这位老师取得了什么样的名次，而是这位老师在这一过程中，在多大程度上得到了锻炼。

　　回想当年自己参加竞赛课时，区级的比赛是自己和学校的老师共同备课努力的结果。到了市级的比赛，自己就非常忐忑了：这可不是仅仅代表学校，而是代表区到市里比赛了。为了帮我把课上好，霞山区教育局教研室的陈主任组织区内教研力量帮我备课，几位老师帮我反反复复磨了好几回。教研室的符老师，备课时准备的资料比我收集的还多；霞山区内湛江市第十二中学的张老师，还亲自到学校给我上了一节示范课。为了让我把握得更好，又让我到她的学校，用她的学生将课上了一回。最后，拿了个二等奖，总算是给这些为我上课操了不少心的同志一个交代。今天，翻看当年上课的简案、详案和导学案，设想课堂上可能出现的情形及应对措施，内心还是非常感动的。感恩在成长路上遇到的每一个人！

《石壕吏》教学设计

【教学目标】

1. 知识目标

掌握诗歌中的重点词句，理解诗歌内容。

2. 能力目标

在多层次的朗读中梳理情节，加深对作品的理解，提升朗读水平。

3. 情感目标

体味语言背后潜藏的战乱之"苦"，体会诗人悲天悯人的情怀。

【教学重难点】

1. 教学重点

体会战争给百姓带来的痛苦，体会作者的思想感情。

2. 教学难点

朗读出感情。

【教学策略】

1. 设计理念

让学生在多重对话中理解文本。学生通过三个层次的朗读、品味语言和文本进行对话；通过体味杜甫的情怀与作者进行对话；通过有创见性地探究与生活进行对话；通过合作探究、交流分享实现师生、生生之间的对话。

在多重对话中抓住关键词"苦"并逐渐走进文本，走近作者，走进经典。从而体味到诗人忧患苍生的悲悯情怀，获得涵养心灵的情感体验。

2. 教学方法

情景法：导入课文，激发兴趣，营造氛围。

诵读法："字正腔圆"—"抑扬顿挫"—"声情并茂"。

点拨法：分析形象，品析语言，揣摩情境。

讨论法：举一反三，研习吟诵、领会主题。

3. 学法指导

情境体验法：激起学生学习兴趣，渲染情境氛围。

读书入境法：训练学生品析语言及朗读感知能力。

合作探究法：培养学生合作学习和审美探究能力。

吟诵涵咏法：指导继承诗乐传统，传承文化精神。

【教学过程】

（1）提供诱因，激趣导入。

（2）疏通字词，初步感知。

（3）合作探究，吟诵涵咏。

（4）名家诵读，主题延伸。

（5）布置作业，拓展阅读。

【课时安排】

1 课时。

【教学设计】

表6-1 《石壕吏》教学设计

教学环节	教学内容	学生活动	设计意图
（一）提供诱因，激趣导入	播放"安史之乱"的视频。提出要求：用一句简短的话来谈谈对安史之乱的感受？	通过观看视频形成感性认识，快速进入文本情境。教师提问促使学生进入思考状态	由视觉感官导入新课学习，让学生对战争的残酷产生感性认识，再以设疑相配合，起到激趣导入和营造氛围的作用
（二）疏通字词，初步感知	（1）学生自由朗诵，圈点不理解的字、词、句，师生共同释疑 （2）提炼记叙要素，初步感知大意 故事发生的时间：＿＿＿＿ 故事发生的地点：＿＿＿ 主要矛盾冲突：＿＿＿和＿＿＿ 诗歌讲述事件：＿＿＿＿ （3）明确诵读要求：读准字音，读出音长，读出节奏。由疏通性朗读进入理解性朗读方法指导	（1）学生自主学习，疏通字词，质疑、释疑 （2）梳理情节，把握文本内容 （3）掌握方法，训练诵读，由"字正腔圆"提升至"抑扬顿挫"	（1）掌握学情，以学定教。借助字词梳理帮助学生准确掌握诗歌主要内容 （2）突破朗读这一教学重点，通过明确诵读要求和方法指导，引导学生掌握文本感情基调，把握诵读节奏
（三）合作探究，吟诵涵咏	（1）师生合作，探究诗歌前四句（第一段）的读法 （2）归纳、展示学习方法：设想情境，理解人物，揣摩字词，融入感情 （3）学生分组合作探究，展示学习成果 ①吏呼一何怒！妇啼一何苦！ ②听妇前致词：三男邺城戍。一男附书至，二男新战死。存者且偷生，死者长已矣！ ③室中更无人，惟有乳下孙。有孙母未去，出入无完裙 ④老妪力虽衰，请从吏夜归，急应河阳役，犹得备晨炊 ⑤夜久语声绝，如闻泣幽咽。天明登前途，独与老翁别	（1）思考、质疑，释疑 （2）学无定法，贵在得法 （3）通过小组讨论、合作探究、吟诵涵咏，走进经典，品味语言，感悟文本	（1）学生通过多层次的朗读、品味语言实现了师生对话、生生对话、生本对话以及与作者进行对话 （2）通过有创见性地探究，体现学生学习的主体性。同时培养学生知识迁移和实际运用的能力 （3）在经典积淀中拓展资源，让"圣人情怀"涵养心灵的华彩

续表

教学环节	教学内容	学生活动	设计意图
（四）名家诵读，主题延伸	（1）学生欣赏著名朗诵艺术家虹云老师的诵读，带领学生进行体验性朗读 （2）品"苦"延伸，归纳主题：了解战争给人民带来的无尽苦难；感受诗人的悲悯情怀；启发学生反对战争、爱好和平的思考	（1）欣赏泛读，调动知识经验，与作者、与主人公同喜同悲，尝试声情并茂地朗读 （2）总结归纳文本主题	（1）循序渐进地诵读体验，引导学生思接千载、神通古今，产生共鸣，感于心而发于声，尝试达到朗读的最高层次 （2）体味战乱之苦、家国之痛；感受圣人情怀；体现文学的德育教化功能
（五）布置作业，拓展阅读	（1）背诵《石壕吏》 （2）把《石壕吏》改写成一篇记叙文，或将"一男附书至"中的这封家书会写出来 （3）课外阅读《三吏》《三别》《兵车行》等诗		（1）熟读成诵，既是诗乐传统的核心，又是培养高尚道德情操的有效方法 （2）读写结合的训练既可提高学生的想象与表达能力，又有助于深入理解文本 （3）同主题的拓展阅读促进学生的认识与思维向深度和广度生发

【板书设计】

石　壕　吏

杜甫

战争

苦

吏　　　老妇

《石壕吏》教学详案

一、介绍时代背景，引入新课

同学们，很高兴今天能和大家一起学习。

在学习新课之前，请大家先看一段关于"安史之乱"的视频。

看了视频，谁用一句简短的话来谈谈自己的感受。

过渡：是啊，战争的确太残酷了。杀敌一万，自损八千。为补充兵力，交战各方都会到处抓壮丁。战乱不停，抓丁不止，民间"十室九空"，说明了百姓悲惨的生活，一提起就让人潸然泪下。诗圣杜甫就在石壕村目睹了一幕惨剧，他看到了什么呢？让我们到《石壕吏》这首诗中寻找答案。

二、朗读诗歌，理解内容

过渡：熟读唐诗三百首，不会写诗也会吟。学习诗歌，读，是最有效的办法。请大家打开书，拿起笔，自由将诗歌朗读一遍，边读边把不懂的字、词划出来，并思考：诗歌讲了件什么事？

（1）正音：这几个字，要求预习时注音，你都写对了吗？

（2）这些重点词的意思要求掌握，大家一起读一读，增加我们的古文积累。

诗中还有哪些词语、句子意思不明白的？请提出来，全班交流。如学生没有提问，老师提醒"走"等字词。

（3）下面的问题，请大家用诗中的词、句来回答。

① 故事发生的时间是？

② 故事发生的地点是？

③ 主要矛盾冲突发生在谁和谁之间？（板书：吏、妇）

④ 诗歌讲了件什么事？（有吏夜捉人）

过渡：第一遍朗读，大家就收获很大，掌握了重点字词，了解了诗歌的基本内容。美中不足的是我们的朗读没有完全达到要求。朗读诗歌有什么基本的要求呢？请大家将朗读要求齐读一遍（幻灯片展示），老师强调：这，就是我们这节课训练的重点。

这首诗讲述的是一个悲惨的故事，朗读时，感情的基调应该是悲伤的，节奏应该比较缓慢。但根据对应的情节，个别句子可以读快些。请大家按照朗读的要求，将诗歌齐读一遍。

（4）同学们已经将诗歌读了两遍，能让老师给大家朗读一遍吗？

三、合作探究，品读诗句

（幻灯片）

（谢谢大家的掌声，谢谢大家的鼓励）

好诗，就要用心去读、去品，才能领会其精髓。接下来，让我们一起来探讨怎样将这首诗读好吧！

（1）如果将故事拍成电影，看到这两句诗，请发挥你的想象：最先出现在镜头里的该是谁？他在做什么？接下来又会发生什么事？

（2）你从哪些词语体验到老百姓生活的不幸？把这些词画出来。

（3）引导学生说自己想象的内容。

（4）你能根据自己的理解，将这诗句读一读吗？

根据设想的情节，开头两句我们已经读得很好了。那第三、第四句（出示幻灯片）是不是也可以按同样的节奏读呢？让老师给大家示范一下。

老——翁——逾——墙——走——，老妇出门看。

（组织学生将"老翁逾墙走，老妇出门看"这两句读好）

读这两句诗，要注意哪几个字？

大家将开头一段的四句都连起来读一读吧！要读出节奏，读出感情来。

刚才的朗读与我们前面的朗读比较，你有什么感觉？（体验进步、成功的喜悦）让我们回过头来看看，我们是用什么办法将这四句诗读好的。

（学生先说，老师整理）

（归纳学习方法：设想情境，揣摩字词，理解人物，确定节奏，融入感情。出示幻灯片，学生将方法读一遍）

良好的开端是成功的一半。通过刚才的学习，我们已经掌握了方法，开了个好头。"师傅领进门，修行在个人"，接下来，我们以四人小组进行合作探究，选出自己最感兴趣的诗句，小组成员一起探讨，用刚才的办法将诗读好。

刚才，各个小组都展示了本组合作探究的成果，我们的合作探究很有成效。我想请一个学生，将老妇哭诉的诗句读一遍，女同学读一遍，男同学读一遍。全班将整首诗有感情地齐读一遍。

刚才的朗读，与我们第一次的朗读相比，你自己觉得有什么不同？对，我们有了很大的进步。但是，学无止境，让我们一起来听一听著名朗诵艺术家虹云老师的朗读。（30 min）

四、品"苦"延伸

此时此刻，如果要求你从诗歌中选出一个字来表达你的感受，你会选哪一个字？苦！（板书）

这岂止是一首诗，这分明是老妇人血泪的控诉啊！诗圣的诗，不愧为"诗史"，将1200多年前发生的惨剧清晰地展示在我们眼前。老妇的哭诉，让我们如闻其声，如见其人，老妇人一家的苦，刺痛了多少人的心啊！除了老妇人一家的苦，你还能感受到其他人的苦吗？

是的，还有杜甫之苦和官吏之苦。

这么多的苦，都是什么造成的？（板书：战争）

苦，真苦，太苦了，苦不堪言啊！战争，将人生"三大悲"重重地压在一个家庭之上。因为战争，士兵血染沙场；因为战争，原本幸福的一家，妻离子散，家破人亡；因为战争，原本繁荣的国家山河破碎，生灵涂炭。苦乎，悲乎！而"这一家"也不过是封建王朝战乱中万千家庭的一个缩影而已。真是："兴，百姓苦！亡，百姓苦！"放眼当今世界，战争这个恶魔仍在作恶，许多百姓仍遭受战火的蹂躏，承受战乱之苦。同学们，让我们旗帜鲜明地反对战争，热情地拥抱和平吧！

五、作业

课上到这里，老师讲完了诗歌的内容。你对诗歌还有什么不理解的地方吗？

作业如下。

（1）背诵《石壕吏》。

（2）把《石壕吏》改写成一篇记叙文，或将"一男附书至"中的这封家书会写出来。

（3）课外阅读《三吏》《三别》《兵车行》等诗。

《石壕吏》导学案

【学习目标】

1. 知识目标
掌握诗歌中的重点词句，理解诗歌内容。

2. 能力目标
在多层次的朗读中梳理情节，加深对作品的理解，提升朗读水平。

3. 情感目标
体味语言背后潜藏的战乱之苦，体会诗人悲天悯人的情怀。

【学习重点】

1.重点
体会战争给百姓带来的痛苦，体会诗人悲天悯人的情怀。

2. 难点
朗读出感情。

【学习方法】

朗读法、合作探究法、活动式教学法。

【课时安排】

1课时。

【教学过程】

（一）课前准备

1. 收集与战争有关的词语10个，诗句2句

（　　）　（　　）　（　　）　（　　）　（　　）

（　　）　（　　）　（　　）　（　　）　（　　）

_____

_____

2. 有人说人生有三大悲剧，你知道指什么吗？

① _____　② _____　③ _____

3. 给下面带点的字注音

石壕吏　　逾墙走　　邺城戍　　老妪　　泣幽咽

4. 解释下列词语在诗歌中的含义

逾墙走：_____　　　一何：_____

戍：_____　　　　　附书至：_____

新：_____　　　　　绝：_____

幽咽：_____　　　　犹得：_____

（二）课中探究

1. 朗读

要求：读准字音、读出节奏，读出感情。

2. 用诗歌中的词、句回答下列问题

（1）故事发生的时间是_____，故事发生的地点是_____，
人物有_____。

（2）主要矛盾冲突发生在_____和_____之间。诗歌讲述了一件什么事？

3. 合作探究（期待你深刻的见解）

（1）集体探讨开头四句诗的读法。

学法归纳：_____

（2）小组探究其他诗句的读法。

① 吏呼一何怒！妇啼一何苦！

② 听妇前致词：三男邺城戍。一男附书至，二男新战死。存者且偷生，死者长已矣！

③ 室中更无人，惟有乳下孙。有孙母未去，出入无完裙。

④ 老妪力虽衰，请从吏夜归，急应河阳役，犹得备晨炊。

⑤ 夜久语声绝，如闻泣幽咽。天明登前途，独与老翁别。

我想展示朗读的诗句：_____。

我从诗句中_____等字词体验到的（心理、动作、神态和语言等），感受到他（她）的_____之痛。

（3）我是这样读的（自己标出轻重缓急的符号，准备在课堂上展示朗读）。

① 老翁逾墙走，老妇出门看。

（两人的心理、动作快慢对比）老翁害怕被抓走，急忙拼了老命翻墙逃跑；老妇以为官差不抓女的，可也吓得浑身发抖，颤颤巍巍去开门。

"老翁逾墙走"要读得快些，慢了可能就跑不掉了。"老妇出门看"读得慢些，因为要尽量拖延时间，让老翁跑得远一点，再远一点。（你真是个善解人意、富有同情心的孩子）

② 吏呼一何怒！妇啼一何苦！

（双方表情、语速对比）官差闯进来，如狼似虎，大喝呵斥老妇，问她家里的男人都去哪了，要她将人交出来。老妇一听官差的话，想起家里的种种不幸，眼泪就掉下来了，上前去跟官差哭诉。

"吏呼一何怒"速度较快，声音大，读出官差盛气凌人、不可一世的样子；"妇啼一何苦"速度慢，声音低，读出老妇害怕、难过的样子。——你很擅长揣摩人物的语言、神态，真了不起！

③ 三男邺城戍。一男附书至，二男新战死。存者且偷生，死者长已矣！

说这几句话时，老妇人心中是又痛又恨。痛的是三个儿子都在战场，两个死了。孩子都是母亲身上掉下的肉，谁能不心痛呢？恨的是战乱，"存者且偷生，死者长已矣"是对痛苦命运无奈的感叹，也有对朝廷没完没了抓人的不满。所以"三"字要读得重一点，老妇人想强调自己的儿子都上战场了。"一男附书至"提起了母亲心中无限的伤痛，所以"二男新战死"一句用颤抖的声音来读。"存者且偷生，死者长已矣"声音渐渐变小，因为老妇人悲痛欲绝，不忍心再说下去了。朗读时要读出老妇人心中的痛、恨、悲。——你的看法帮助老师加深了对诗歌的理解，谢谢你！

"烽火连三月，家书抵万金"，但是在这里，"一男附书至"时，这家人得到的却是难以承受的噩耗。老妇人还没有从痛苦中解脱出来，看到官差来抓人，想起自己的儿子，老妇人不禁悲从中来，还没开口，就老泪纵横了。

"二男新战死"虽然只是寥寥5个字，但其中包含了人生三大不幸：对于老妇、老翁来说，老年丧子，白发人送黑发人；对儿媳妇来说，中年丧偶，对乳下孙是幼年丧父。战争和人生的三大不幸压在了这一家人的头上，命运太残酷了。五个字，如同五把尖刀，一刀一刀地捅入老妇人的心中，所以她最后泣不成声地说："存者且偷生，死者长已矣！"老妇人不忍心说下去，作为读者，我也不忍心再读下去。——你的见解非常深刻，杜甫要是知道一个八年级的孩子能这样理解他的诗歌，肯定非常欣慰。

④ 室中更无人，惟有乳下孙。有孙母未去，出入无完裙。

（爱、怜）疼爱小孙子，他是家里的独苗了。可怜儿媳妇，年纪轻轻，受这么多苦，连件可以穿出来见人的衣服都没有。

⑤ 老妪力虽衰，请从吏夜归，急应河阳役，犹得备晨炊。

老妇人其实一万个不愿意跟官差去河阳，所以先说自己年老力衰，但为了保护自己的宝贝孙子、可怜的儿媳妇，她又要表明她还可以帮煮饭，她说这些，其实都是想激起官差的同情。但是官差已经没有了人性，万般无奈之下，她决定牺牲自己，保存这一家的血脉。我想读出她紧张、矛盾、悲伤、无奈的心理。

⑥夜久语声绝，如闻泣幽咽。天明登前途，独与老翁别。

（伤心、无奈）老奶奶被抓走了，儿媳妇抱着还不懂事的孩子，想起自己的丈夫，想起可怜的奶奶，又担心逃出去的老爷爷，控制不住内心的悲伤，不停地抽泣。第二天，杜甫跟老翁道别，看着老翁红肿的眼，看到这苦难的家庭，想到天下苍生，心中满是无奈、同情。

（三）课堂检测（写出相应的诗句）

（1）说明兵役之苛刻：＿＿＿＿＿＿＿。

（2）说明战争之惨烈：＿＿＿＿＿＿＿。

（3）说明战争使百姓贫困：＿＿＿＿＿＿＿。

（4）＿＿＿＿＿＿＿！妇啼一何苦！

（5）室中更无人，＿＿＿＿＿＿＿。

（6）＿＿＿＿＿＿＿，请从吏夜归。

（四）课后延伸

（1）背诵《石壕吏》。

（2）课外阅读《三吏》《三别》其他诗篇，加深对杜甫的了解。

（五）轻松记忆

这首诗有几个字容易写错，一个学生总结了自己记忆的经验，你觉得有帮助吗？

吏：我是一小吏，肩上的杀威棒从不离身，不然我将成为历史！（吏、史）

衰："土头衰"张口哀号，又被一棒插穿喉，真够衰！（衰、哀、衰）

戍：一人持戈，警惕防卫。（点戍横戌戊中空）

惟：我是妈妈心中的惟一，不是口中的唯一。（惟、唯）

附：《石壕吏》课件

展示课题

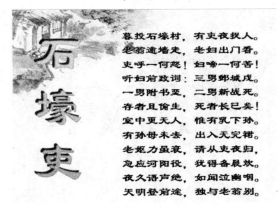

齐读，初步了解诗歌内容

读准字音

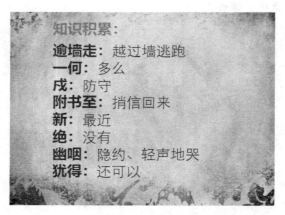

理解重点字词

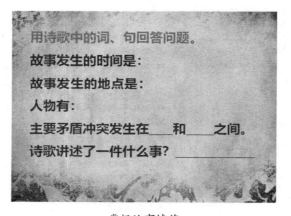

掌握故事情节

明确朗读要求

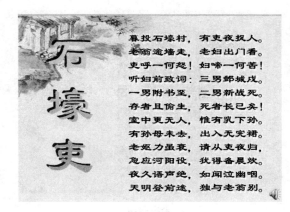

欣赏名家朗读

三、合作探究，品读诗句

让我们穿越到1200多年前的石壕村，设身处地去感受当时的环境，体验故事中人物的心理、动作、语言和神态等，感受他们的不幸，探讨诗歌的读法。

引导品读

朗读示例

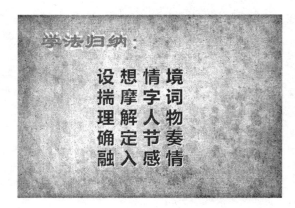

学法归纳

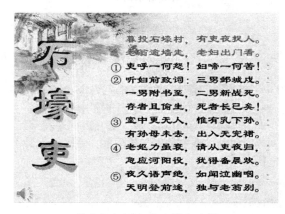

学生分组探究其他诗句读法

课堂检测（写出相应的诗句）。

(1) 说明兵役之苛刻：＿＿＿＿＿＿＿。
(2) 说明战争之惨烈：＿＿＿＿＿＿＿。
(3) 说明战争使百姓贫困：＿＿＿＿＿＿＿。
(4) 暗示老妇被抓走：＿＿＿＿＿＿＿。

检测成效

《我的叔叔于勒》第三课时教案

我之所以喜欢上课，是因为课堂上学生总能给我带来快乐，而学生也在我的课中感受到学习语文的快乐。上了《我的叔叔于勒》这课后，我安排了一节拓展课，设想叔叔于勒是真阔了，跟家人见面的场景。这些学生是真争气啊！只要提供一个平台，他们就能创造出老师意想不到的东西来。

【教学目标】

根据课后练习第五题，引导学生以小组为单位，重新设置情境，探讨小说中人物在新情境中的表现并写成文稿，同时通过读、演的方式，加深对人物、对小说的理解。

【教学过程】

（一）复习，引入

（1）复述《我的叔叔于勒》这篇课文的主要内容。

（2）学生说说自己对课文中哪个人物印象最深刻。

（二）再设情境，改写文章

课文写的是作者一家见到于勒叔叔后，发现于勒是个穷光蛋。我们能不能设想这样的一个场景：在渡轮上，我们一家见到了于勒叔叔。于勒叔叔真的发了财，是如假包换的亿万富翁，打算到岛上旅游后就回家与我们团聚。如果是这样，那故事的情节该如何发展？故事中的每个人又会有什么表现？

以母亲为例，引导学生放飞思绪，在新的情境中塑造人物形象。

（1）母亲在原文中有哪些表现？

① 母亲对我们的拮据生活感到非常痛苦。

② 有人请吃饭是从来不敢答应的，以免回请。

③ 母亲也常常说："只要这个好心的于勒一回来，我们的境况就不同了。他可真算得一个有办法的人。"

④ 母亲突然暴怒起来，说："我就知道这个贼是不会有出息的，早晚会回来重新拖累我们的……"

（2）如果在船上遇到发了财的于勒叔叔，母亲会有什么表现？你能将新情境中母亲的表现写出来吗？

母亲遇见富豪于勒叔叔

"天啊，于勒？我亲爱的小叔子，你终于回来了！我们一家每天都在盼着你回来啊！我们终于可以团聚啦！"母亲激动得两眼放出异样的光芒，似乎眼前出现的是一座金山，"你回来真是太好啦！于勒啊，你看，你离开十多年来，我们家生活越来越不好，样样都要精打细算，连别人请吃饭都不敢答应，以免回请。这样的日子，嫂子我真是受够了！前些天，我和你哥看到一套漂亮的别墅挂牌出售，你哥馋得眼珠子都要掉下来了。当时我就笑他：想住这样的房子？除非你弟弟于勒回来！上帝保佑啊，现在你真的回来了，咱们一家可以团聚了。只是，家里房子本来就小，你回来就显得更拥挤了，有失你的身份，实在是委屈你啦！如果你受不了这委屈——这是可以肯定的，不如我们回去就买一栋大房子一起住，这才配得起你的身份啊！总之，我们必须住在一起，免得旁人以为我这当嫂子的不会做人，让你们兄弟不和，对吧？"

（3）参考母亲的表现，设想其他人见到于勒叔叔的情形。

① 父亲；大姐；二姐；二姐夫。

② 小组选一个代表，以接龙的方式演示本组作品。

③看到这些人的表现，于勒会怎么想？怎么做？

（4）在这里，如何塑造若瑟夫这个人物更合理？

附：学生关于《我的叔叔于勒》人物表现改写作品

大　姐

"哈哈哈哈……我的叔叔回来了！我的亿万富翁叔叔回来了！大姐按捺不住内心的激动，手舞足蹈起来。"

以前是别人嫌我家穷，看不上我，现在，轮到我挑他们了！前村那个理查德，仗着家里有几个钱，就看不起我，现在看来，一无是处嘛！后村那个马克龙，长得倒是帅，大家都认为他是个潜力股，但是矮了一丁点儿，虽然真的有点儿喜欢他——先作为备胎考虑吧！还有那个齐达内，足球踢得还可以，可惜，秃顶了！而且，他还跟人说："就算全世界只剩我一个女的，也不会娶我！"哼，现在，我是你一辈子都碰不到的女人！我现在是亿万富翁的侄女，哈哈哈，我应该找一个又高又帅、有权有势的名门望族的青年才俊！

唉，挑哪个好呢？到哪才找得到配得上本小姐的人呢？纠结啊！太让人纠结了！没想到，钱多，也有钱多的烦啊！

二　姐

二姐连忙挤到于勒叔叔跟前，分外惊喜地说："于勒叔叔啊，你总算回来了！你离开后，我是多么想念您，知道吗？您现在回来了，这是上帝眷顾我们家啊！叔叔，其实这次全家出来旅行，是为庆祝我结婚的——家里太穷了，连个像样点的婚礼都没办法给我办。吉赛尔岛——穷人旅行的首选嘛！我是多么想像您一样到南美去旅行啊！我身边的同龄人婚礼都是那么奢华，而您的侄女我结婚那么寒酸。别的女孩儿结婚全身都珠光宝气的，而我呢，连个戒指都没有！别人结婚有房有车甚至还有别墅，真让人妒忌！唉，说来说去，只能怨自己命不好……好在上帝还是疼爱我的，给我安排了一位比亲生父亲更疼我的叔叔。于勒叔叔，记得小时候，我想要什么您都会买给我的。我是多么希望您能像小时候一样疼爱我呀！"

爱思考的学生

遇到爱思考的学生，课堂上常会出现些出人意料的场面。

有一篇古文，名为《河中石兽》讲的是一个这样的故事。

沧州南一寺临河干，山门圮于河，二石兽并沉焉。阅十余岁，僧募金重修，求二石兽于水中，竟不可得，以为顺流下矣。棹数小舟，曳铁钯，寻十余里无迹。

一讲学家设帐寺中，闻之笑曰："尔辈不能究物理。是非木柿，岂能为暴涨携之去？乃石性坚重，沙性松浮，湮于沙上，渐沉渐深耳。沿河求之，不亦颠乎？"众服为确论。

一老河兵闻之，又笑曰："凡河中失石，当求之于上流。盖石性坚重，沙性松浮，水不能冲石，其反激之力，必于石下迎水处啮沙为坎穴，渐激渐深，至石之半，石必倒掷坎穴中。如是再啮，石又再转。转转不已，遂反溯流逆上矣。求之下流，固颠；求之地中，不更颠乎？"如其言，果得于数里外。然则天下之事，但知其一，不知其二者多矣，可据理臆断欤？

这篇文章是清代文学家纪昀创作的一篇文言小说。一次，我又给学生讲这篇课文，读准字音，理解字词句意思，理解文章寓意：文章讲述了一则非常有教育意义的寓言故事，表达了作者对一知半解而又自以为是之人的嘲讽，亦告诉了人们认识事物需要全面深入地调查探究这一道理。轻车熟路，一路讲下来，准备收工时，一个学生站起来说："老师，我是真想不明白：掉进河里的石兽真会被水推到上游几里去吗？老河兵的说法用现在的话来说，河中石兽是不断以掉坑里的方式往上游挪，那它应该是每往坑里掉一次，所处位置就比原来低。越掉坑里，位置越低。假设石兽高2m，要掉进坑里，那坑少说也得有1m深吧？假设石兽"扑通"掉坑里一次，往上游挪2m，同时位置降低1m——这样一来，往上游蹭了100m之后，石狮子的位置应该降低50m。这怎么可能呢？感觉这石兽已经化身为盾构机在河底穿行了！为了让大家更加明白自己的疑问，学生还在黑板上画了个示意图（见图7-1）。

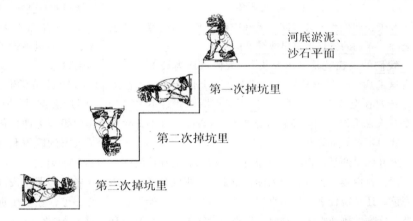

推论：①假设河底是淤泥和砂石，石兽每掉坑里一次，位置都会比原来低，最后会完全陷入河底的淤泥、沙石中，不会跑到上游去；②假设河底是硬底，河水冲不出坑来，石兽就不会掉坑里，也不会跑到上游去。

图7-1　河中石兽移动示意图

大家一看，还真是啊！按这推理，河中石兽在水里翻两三个跟斗，逆水往上挪个三五米还是有可能的，但是要逆流而上数里，那简直是天方夜谭啊！可怜纪昀写文章嘲讽人一知半解，自己竟然也成了一个小学生质疑的对象！

现在的学生，可谓见多识广。在课堂上，有时任凭老师苦口婆心、循循善诱，他们就是半天不吱一声，引而不发，让老师无可奈何。有时候，冷不丁冒出一句话，就会让课堂处于失控的边缘。如何应对课堂的突发状况，是对老师的课堂掌控能力的极大挑战。

在三尺讲台耕耘30年，我也经常被学生整得接近崩溃。但是，慢慢地，发现能在课堂上给老师出难题的学生都是可以教育好的学生，给老师出的难题，其实是他们思维的火花！思维的火花出现了，老师就有责任用自己的智慧将其引燃。这火花一旦引燃，甚至可以照亮学生前进的路。

我在课堂上被怼的一次经历，非常难忘，好在最后峰回路转，结局完美。以下是当事学生对那节课的记录（见表7-3学生记录情况展示）

表7-3　学生记录情况展示

校长为我点赞①	①题目有点新颖。
今天，我们班上公开课，大庭广众之下，我把我们的语文老师、我们的校长给狠狠地怼了！②	②开头有点哗众取宠，但不得不说的确吸引眼球。
我们的校长就是爱出风头③，大概自认为长得帅的人都有这毛病：你当校长就当校长吧，还上什么课？不但上课，还要在全校上公开课——这不是摆明跟我过不去吗？这么多人来听课，我好意思睡觉吗？④等着吧，你不让我舒服，我也不会让你好过！	③原来校长在学生心目中的形象是这样的！
	④没想到上课也侵害了人家的既得利益。上课有风险。
公开课讲的是杜甫的《石壕吏》。校长就会让我们读、读、读：自由读、齐读、个人读、小组读、男女分开读，全班齐读，还总说什么"读书百遍，其义自见"——能不能玩点新花样啊？鲍鱼吃多了都腻，谁没事会将书读一百遍？有病啊？⑤	⑤老师为课堂设计挖空心思，在学生那可能不受待见。不管怎么样，这小子还是写出了自己内心真实的想法。
不但让我们读，他自己也读。	
暮投石壕村，有吏夜捉人。	
老翁逾墙走，老妇出门看。	
第一句，他读得很慢，很低沉，有气没力的。老师说因为杜甫在兵荒马乱的时候赶路，内心惶恐，又饿又累，所以要这样读。这我同意，上回我离家出走被饿了两天后，就是这感觉。⑥读"有吏夜捉人"这句，校长突然嗓音提高了八度，又急又大声，把同学们和听课的老师都吓了一跳。	⑥辛苦了半天，总算赢得一点点共鸣。不容易啊！
然后，他解释说，这是因为事情发生得突然，不得不让人恐慌。你看看，这校长，吓了人还有理了！作，你尽情地作！你的地盘你做主，你爱咋的就咋的！⑦	⑦看来我真是不招人待见啊！感觉学生都不想跟我玩了。

续　表

"同学们，读诗，我们就要将自己融进诗的情景去读。老翁逾墙走，老妇出门看。"这两句该怎么读呢？" 　　"老师，我认为'老翁逾墙走'这句，应该读快点，因为是逃命，慢了就会被抓住。'老妇出门看'这句应该读得慢一点，一来老妇年纪大了，二来她想尽可能拖延时间，让老翁跑得远一点。"我们的语文课代表小兰的功夫就是高，她总能说出老师想要的答案，特别是在公开课这种场合。有时我真怀疑他们事先是不是预演过了！⑧ 　　校长冲着小兰竖起了大拇指："说得真好……" 　　"好什么啊！"⑨我不知道哪条神经搭错了线，也许是对小兰的不满厚积薄发，竟然脱口而出。话音未落，我就成为全场的焦点。大家都愣了一下，将目光向我聚焦。我成功地抢了小兰的风头，但这完全不是我想要的。我是谁？我为什么会在这里？老天，我这是给自己刨了个多大的坑啊！⑩ 　　校长愣了几秒，其间脸上的表情千变万化："二虎，你，有不同看法？"⑪ 　　如果说不出个一二，我就完了！脑子急速地转了几转，我说："我是说，小兰的话有点自相矛盾。她先是说'老翁逾墙走'这句要读得快，因为怕被抓。又说'老妇出门看'要读得慢，原因是老妇年纪大了。既然老妇因为年纪大，跑不快，那按一般情况，老翁年纪应该更大，他怎么能跑那么快呢？⑫"我尽量放慢语速，给自己争取点时间整理思路，"老翁能跑那么快，那就不是老翁了。"⑬ 　　全班都哄堂大笑，听课的老师也憋不住笑了，只有校长没有笑——坑怎么越来越深了？ 　　"那你说，该怎么读？"校长很尴尬，我也明显感觉他在强压心中的怒火。⑭	⑧语文课代表也受到牵连！ ⑨突发状况：一语惊人！ ⑩这小子也有慌的时候？ ⑪何止脸上的表情千变万化？说实在，我心里都…… ⑫不得不说，这小子还真有点急才，懂得为自己善后，说得也有他的道理。 ⑬懂得太多！ ⑭知道就好！

续 表

"老翁年纪大了，他逾墙走，不应该那么轻松，因为紧张，可能跳了几下都翻不过去。翻过去了，他也不应该扭头就跑的，他老伴、孙子、儿媳妇都在屋里，他怎么能放心得下？怎么能翻墙就跑了呢？这不是男人干的事呀！所以，'老翁逾墙走'这句不能单纯读得快，要快中有慢，读出老翁紧张、纠结、无可奈何的心理。走字要有一步三回首的感觉。这也呼应了'老妇出门看'这句要读得慢的原因。"⑮说完，我按自己的理解，将'老翁逾墙走'读了一遍，我一边读，一边做动作，逾字我蹦了一下，喘口气，再读墙字，再喘口气，才读走，走字我拖得声音长些，最后收了一下，表达老翁边跑边回头看、心如刀绞的心理。⑯	⑮还真给这小子圆回来了！
	⑯不得不承认，这小子还是有点表演天分的。
话说完，我呆呆地望着校长，等候判决。校长这时脸上的表情已经调整过来了，他用很奇怪的目光看着我，几秒钟后，他的脸上露出了笑容，⑰朝我竖起了大拇指，说："小子哎，你懂得真多！"缓了一下，又补了一句："不该懂的，你也懂了！"	⑰危机解除！身为老师，我也可以松口气了！
大家又笑了，还鼓起掌来。这掌声，好像也不全是给我的。⑱	⑱那是，不是我，你能有机会表现吗？

2021年，中考成绩公布后，二虎来找我："校长，谢谢您！"

"谢我干啥？"

"上回您上公开课，我在课堂上捣乱的事，您忘了？"

"我怎么会忘？"

"后来，您还让我把那事写成作文，还指导我改了几遍。"

"对啊！"

"校长，这回中考，作文题目是《这才是少年应有的模样》，我拿上课捣乱的事当素材，作文一挥而就。这是我考完试整理的作文，给你留个纪念吧！校长，谢谢您！"

看完二虎留下的作文稿，我不由得感慨万千：这，就是教学相长吧！

讲《智取生辰纲》一课，课前我也是下足了功夫，故事的起因、发展、高潮、结果讲得是唾沫横飞。最后总结时，我说这故事体现了吴用等好汉的聪明才智，结果又被学生怼了。后排角落有人蹦出了一句："这有什么聪明的？只不过是杨志这家伙实在笨罢了！"这回怼得也很直接、很到位，顶心顶肺的啊！我一看，是平时不怎么爱听课的东子。这家伙，上课经常睡觉，油盐不进。在学生中也算是见多识广。

我说："东子，我欣赏你的见解。既然你认为生辰纲丢的原因不是吴用他们聪明，而是杨志笨。那我给你个机会，写一篇《杨志再送生辰纲》给大家欣赏，你化身为杨志，向大家展示一下你的聪明才智！"

东子答应了，于是一星期后，我就有机会看到了一篇这样的文章。

杨志再送生辰纲

且说杨志得知梁中书安排自己护送生辰纲，心里暗自高兴：这回终于有个机会好好表现了！想当初，自己护送因失陷花石纲丢官，又被牛二拖累，刺配大名府，得到梁中书的赏识，提拔为管军提辖使。如果这回完成梁老板交给的任务，日后何愁……想到这里，不由偷偷笑出声来。

得知梁中书安排了老都管和两位虞候一同上京，杨志忙托人带话给老都管和两位虞候，自己在"醉仙楼"定了个"牡丹"雅间，请他们晚上小聚。

下午下班，杨志早早就到了醉仙楼，进到牡丹房，让服务员泡了一壶明前的龙井——他知道老都管就好这一口。两个虞候先到了，大家边喝茶边闲聊。上灯的时候，老都管到了，三人连忙起身去迎接，请老都管到主位就座。

老都管说："杨提辖，这位置我怎么好意思坐？"

杨志把老都管按在主位上，说："老都管，您这话说得让我脸红啊！今晚您肯来，就是给我杨志天大的面子。我心里都明白，如果不是老都管您经常在梁老板面前提起杨志，我杨志能有今天？如果不是您推荐，押运生辰纲这趟美差，能落到我们仨身上？两位大哥，小弟说得没错吧？"

"对对对！"两位虞候连声附和："杨提辖说的是，老都管平日对我们可真是没少关照！得到这趟差事，好多人都嫉妒呢！哈哈哈哈哈……"

老都管也笑了起来，说："其实，不是我关照你们。实际上，我们都是靠梁老板关照！"

"那是，那是！老都管，您看，这趟差责任重大。今晚请您来，就是想好好商量商量，怎么样才能顺利完成任务，这样才不负老板重托，不负您老一路的关照。"

"小杨办事是越来越老成了！我们老板果然没看错人！"杨志听了，脸微微一红，站起来恭恭敬敬地给老都管添茶："全靠老都管提点！"

美酒佳肴送进来，四人边吃边聊，相谈甚欢。杨志趁老都管吃得高兴，说："老都管，这一趟差，责任重大，山高路远，天气又热，您老人家可要受累了。为了按时将生辰纲安全送到京城，您能不能跟中书大人说说，请他多派几个厢禁军一同前去，共15人，我把他们分成3组，两组挑担，一组探路警戒，走一段换一组探路警戒。这样挑担的也能喘口气。大家不至于太累，安全性也提高了。要是您老人家累了，我弄个滑竿，安排两个抬着您老走。咱一边陪您老欣赏风景，一边赶路。"

老都管听了，呷了一小口酒，说："小杨你想得周到。我回去就跟中书大人说，为了更好完成护送生辰纲的任务，请他派15人随行！"

……

杨志送别3人，愉快地哼着小曲走在回住地的路上，吹着习习凉风，感觉特别清爽。对前途，他踌躇满志！

以往看到东子上课没精打采的，我总为他着急。看了东子的这篇文章后，我就释然了：这孩子以后找碗饭吃，肯定是不成问题的。